Inhaltsverzeichnis

Liebe Leserinnen und Leser,

der vorliegende **Lektürewortschatz zu Thirteen Reasons Why**, thematisch in vier Kapitel unterteilt, bietet Ihnen ein unerlässliches Hilfsmittel für die mündliche und schriftliche Auseinandersetzung mit dem Roman. Mithilfe der überschaubaren, sinnvoll zusammengestellten Lernportionen erweitern Sie Ihren Wortschatz um verlässliches Vokabular zu allen wichtigen Themen und Motiven des Romans. Mit dem Lektürewortschatz sind Sie somit bestens ausgerüstet, *Thirteen Reasons Why* im Unterricht zu erarbeiten.

Viel Erfolg und Freude bei der Lektüre wünscht Ihnen
Die Redaktion Englisch, Ernst Klett Sprachen GmbH

Übersicht über die verwendeten Symbole und Abkürzungen

adj	adjective	Adjektiv
adv	adverb	Adverb
AE	American English	amerikanisches Englisch
BE	British English	britisches Englisch
derog	derogatory	abwertend
etw		etwas
form	formal	formell
inform	informal	umgangssprachlich
jd, jdn, jdm, jds		jemand, jemanden, jemandem, jemandes
n	noun	Nomen, Substantiv
pl	plural	Plural
prep	preposition	Präposition
sb	somebody	
sl	slang	Slang
sth	something	
uncount	uncountable (noun)	nicht zählbar(es Nomen)
v	verb	Verb
vulg	vulgar	vulgär
=	synonym	Synonym
≠	antonym	Antonym
▸	words in the same word family	Hinweis auf Wörter der gleichen Familie

Lektürewortschatz zu *Thirteen Reasons Why* auf einen Blick

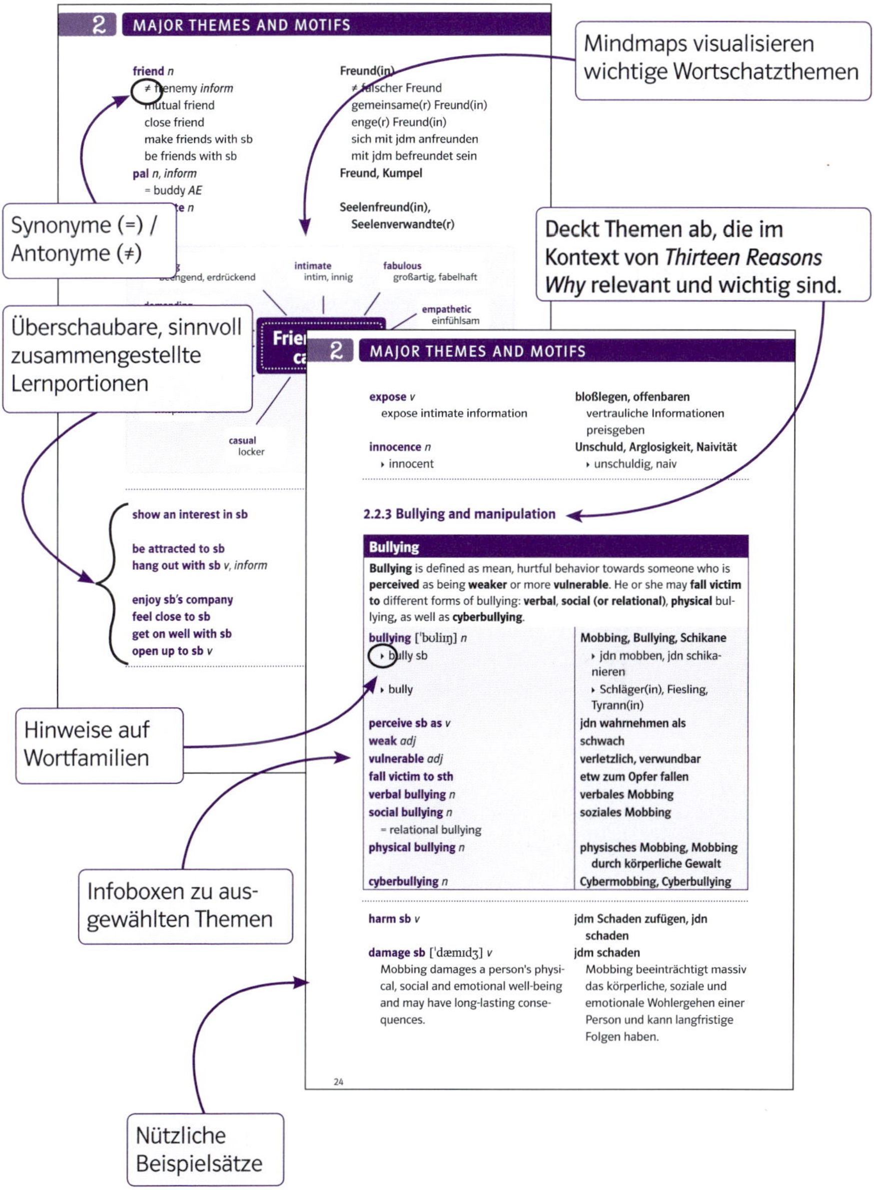

2 MAJOR THEMES AND MOTIFS

friend *n* — **Freund(in)**
≠ frenemy *inform* — ≠ falscher Freund
mutual friend — gemeinsame(r) Freund(in)
close friend — enge(r) Freund(in)
make friends with sb — sich mit jdm anfreunden
be friends with sb — mit jdm befreundet sein
pal *n, inform* — **Freund, Kumpel**
= buddy *AE*
...te *n* — **Seelenfreund(in), Seelenverwandte(r)**

...bedrängend, erdrückend
intimate intim, innig
fabulous großartig, fabelhaft
empathetic einfühlsam
casual locker

show an interest in sb
be attracted to sb
hang out with sb *v, inform*
enjoy sb's company
feel close to sb
get on well with sb
open up to sb *v*

2 MAJOR THEMES AND MOTIFS

expose *v*	**bloßlegen, offenbaren**
expose intimate information	vertrauliche Informationen preisgeben
innocence *n*	**Unschuld, Arglosigkeit, Naivität**
▸ innocent	▸ unschuldig, naiv

2.2.3 Bullying and manipulation

Bullying

Bullying is defined as mean, hurtful behavior towards someone who is **perceived** as being **weaker** or more **vulnerable**. He or she may **fall victim to** different forms of bullying: **verbal**, **social (or relational)**, **physical** bullying, as well as **cyberbullying**.

bullying ['bʊlɪŋ] *n*	**Mobbing, Bullying, Schikane**
▸ bully sb	▸ jdn mobben, jdn schikanieren
▸ bully	▸ Schläger(in), Fiesling, Tyrann(in)
perceive sb as *v*	**jdn wahrnehmen als**
weak *adj*	**schwach**
vulnerable *adj*	**verletzlich, verwundbar**
fall victim to sth	**etw zum Opfer fallen**
verbal bullying *n*	**verbales Mobbing**
social bullying *n*	**soziales Mobbing**
= relational bullying	
physical bullying *n*	**physisches Mobbing, Mobbing durch körperliche Gewalt**
cyberbullying *n*	**Cybermobbing, Cyberbullying**

harm sb *v*	**jdm Schaden zufügen, jdn schaden**
damage sb ['dæmɪdʒ] *v*	**jdm schaden**
Mobbing damages a person's physical, social and emotional well-being and may have long-lasting consequences.	Mobbing beeinträchtigt massiv das körperliche, soziale und emotionale Wohlergehen einer Person und kann langfristige Folgen haben.

24

1.1 High School structures

High school	
In the USA, there is only one type of **secondary school** for students with different **aptitudes**: high school. To cater for their needs, high schools **offer a wide range of courses**, academic as well as more **vocationally oriented** ones. Some **classes** have to be **taken** by all students, others are optional.	
secondary school	**weiterführende Schule**
aptitude	**Begabung**
offer a wide range of courses	**eine Vielzahl an Kursen anbieten**
vocationally oriented	**beruflich orientiert**
take a class	**einen Kurs belegen, ein Fach nehmen**

high school *n, AE*	*in etwa*: **Gesamtschule**
grade *n, AE*	**Klasse, Jahrgangsstufe**
= class	
= form *BE*	
Which grade are you in?	In welcher Jahrgangsstufe bist du?
student body *n*	**Schülerschaft**
freshman *n, AE, pl* freshmen	**Freshman, Schüler(in) des 9. Jahrgangs**
sophomore *n, AE*	**Sophomore, Schüler(in) des 10. Jahrgangs**
junior *n, AE*	**Junior, Schüler(in) des 11. Jahrgangs**
senior *n, AE*	**Senior, Schüler(in) des 12. Jahrgangs**
graduation *n*	**Abschlussfeier**
▸ graduate *(from High School)*	▸ (die High School) abschließen
high school diploma *n, AE*	**Abschlusszeugnis der High School**

semester *n*	**Halbjahr**
course *n*	**Kurs, Lehrgang**
elective *n*	**Wahlfach**
optional *adj*	**optional, freiwillig**
compulsory *adj*	**verpflichtend, Pflicht-**
= mandatory	
= required	
schedule [ˈskedʒuːl] *n*	**Stundenplan**
valedictorian *n, AE*	**Abschiedsredner(in) (bei der Graduationsfeier)**

---

pass *v*	**bestehen**
≠ fail	≠ durchfallen, nicht bestehen
≠ flunk *inform*	≠ durchfallen, verhauen
pass a test	einen Test bestehen
grade *n, AE*	**Note**
Hannah's grades began to slip.	Hannahs Noten wurden schlechter.
progress report *n*	**Zeugnis, Jahresinformation**
skip class	**Unterricht schwänzen**
dropout *n*	**(Schul-)Abbrecher(in)**
‣ drop out *(of high school)*	‣ *(die High School)* ohne Abschluss verlassen

1.2 Responsibility of the school towards its students

(guidance) counselor [ˈkaʊnsᵊlə] *n, AE*	**Beratungslehrer(in)**
= counsellor *BE*	
‣ counsel(l)ing	‣ Beratung
A student with either academic or social problems can ask the guidance counsellor for help.	Ein*(e)* Schüler*(in)* mit schulischen oder sozialen Problemen kann den *(die)* Beratungslehrer*(in)* um Hilfe bitten.
duty *n*	**Pflicht, Verpflichtung, Aufgabe**
duty of care	Fürsorgepflicht
sympathy [ˈsɪmpəθi] *n*	**Mitgefühl, Verständnis**
‣ sympathetic	‣ mitfühlend, verständnisvoll

commitment *n*	**Einsatz, Engagement**
understanding *n, uncount*	**Verständnis**
respect *n, uncount*	**Respekt**
empathy *n, uncount*	**Einfühlungsvermögen, Empathie**
responsibility *n*	**Verantwortung**
shrug off one's responsibilities	seine Verantwortlichkeiten (mit einem Achselzucken) abtun
welfare [ˈwelfeə] *n, uncount*	**Wohlergehen**
be responsible for sb's welfare	für jds Wohlergehen verantwortlich sein

Responsibilities of schools towards the students

Good schools and their staff, especially the counselors, feel responsible for the welfare of their students. They therefore have a large variety of tasks.

counsel sb (to do sth) *v*	**jdn beraten, jdm empfehlen etwas zu tun**
advise sb *v*	**jdn beraten**
give advice *(to sb)*	**(jdm) Rat geben**
offer support (to sb)	**(jdm) Unterstützung anbieten**
encourage (sb) *v*	**(jdn) ermutigen**
comfort (sb) *v*	**(jdn) trösten**
prevent sth *v*	**etwas verhindern**
mediate *v*	**vermitteln**
take sb seriously	**jdn ernst nehmen**
care for sb *v*	**sich um jdn kümmern**
be committed to	**sich engagieren für**
empathize with sb *v*	**sich in jdn hineinfühlen**

disrespect sb *v*	**jdn missachten, jdn geringschätzen**
blame sb (for sth) [bleɪm] *v*	**jdm (für etw) die Schuld geben**
despise sb *v*	**jdn verachten**
turn a blind eye to sth	**die Augen vor etw verschließen, etw (absichtlich) übersehen, wegschauen**

fail sb [feɪl] *v*	**jdn im Stich lassen, jdn enttäuschen**
= let sb down	
disappoint sb *v*	**jdn enttäuschen**
noncommittal *adj*	**unverbindlich, zurückhaltend**
indifference *n*	**Gleichgültigkeit**
▸ indifferent *(to)*	▸ gleichgültig (gegenüber)
lack of involvement *n*	**mangelndes Engagement**

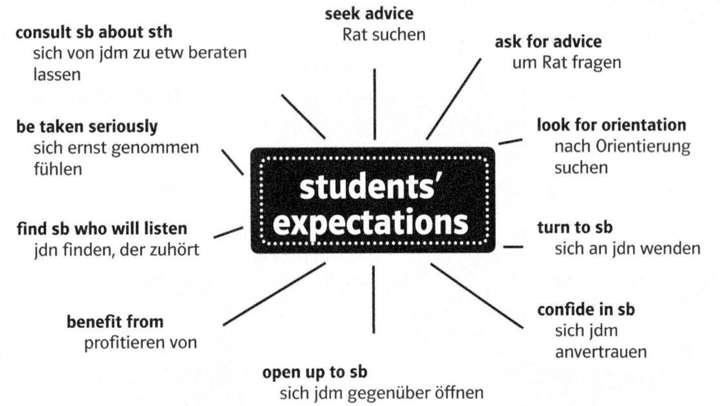

2.1 Teen life

2.1.1 Being a teenager

development of personality *n*	**Persönlichkeitsentwicklung**
adolescence [ˌædəˈlesns] *n*	**Jugend(alter)**
▸ adolescent	▸ Heranwachsende(r), Jugendliche(r)
puberty [ˈpjuːbətɪ] *n, uncount*	**Pubertät**
hit puberty	in die Pubertät kommen

transition *n*	**Übergang**
Teenagers are in an often difficult period of transition - from being a child to entering the world of adults.	Jugendliche befinden sich in einer oft schwierigen Phase des Übergangs - der Übertritt vom Kindsein in die Welt der Erwachsenen.
sense of identity *n*	**Identitätsbewusstsein**
discover one's potential	**sein Potential entdecken**
go through sth *v (a hard time)*	**etw durchmachen** *(eine schwere Zeit)*

behavior *n, AE, uncount*	**Verhalten, Benehmen**
= behaviour *BE*	
normal teenage behavior	normales Teenagerverhalten
baffling behavior	rätselhaftes Verhalten
tackle sth *v (a problem)*	**etw angehen** *(ein Problem)*
solve (problems) *v*	**(Probleme) lösen**
self-confidence *n*	**Selbstvertrauen**
sensitivity *n*	**Sensibilität, Empfindsamkeit**

feeling *n*	**Gefühl**
confused feelings	Gefühlsverwirrungen
emotional [ɪˈmoʊʃᵊnᵊl] *adj*	**emotional, gefühlsbetont**
insecure *adj*	**unsicher**
sensitive *adj*	**empfindlich**
be sensitive to criticism	empfindlich auf Kritik reagieren
troubled *adj*	**aufgewühlt, in Schwierigkeiten**
aloof *adj*	**reserviert, zurückhaltend**
moody *adj*	**launisch**
misunderstood *adj*	**missverstanden**
left alone *adj*	**alleingelassen**
rejected *adj*	**abgelehnt**
cocky *adj, inform*	**großspurig, anmaßend**
cocksure of oneself *adj*	**sehr überzeugt von sich selbst**

teenagers' reactions

- **try out new identities** – neue Identitäten anprobieren
- **rebel (against sb / sth)** – (gegen jdn / etw) rebellieren
- **retreat from family life** – weniger Zeit mit der Familie verbringen
- **test limits** – Grenzen ausreizen
- **stop communicating** – schweigsam(er) werden
- **talk back** – freche Antworten geben
- **defy rules** – den Regeln trotzen
- **yearn for sth** – sich nach etw sehnen
- **mope (around)** – Trübsal blasen, den Kopf hängen lassen
- **throw a tantrum** – ausflippen, einen Wutanfall haben
- **overdramatize** – überdramatisieren

friendship ['frenʃɪp] *n*	**Freundschaft**
peer group *n*	**Peergroup, Gruppe Gleichaltriger**
belong to a group	**einer Gruppe angehören**
form close ties *(with sb)*	**(mit jdm) enge Bindungen eingehen**
sense of unity *n*	**Wir-Gefühl**
group affiliation *n*	**Gruppenzugehörigkeit**
close-knit *adj*	**eng verbunden**
close-knit community	enge Gemeinschaft, verschworene Gemeinschaft
clique [kli:k] *n*	**Clique**
ritual ['rɪtjuəl] *n*	**Ritual**
In the novel Hannah and her friends have a special ritual when they want to vent about something: they lay their hands on top of each other and say Olly-olly-oxen-free.	Im Roman haben Hannah und ihre Freunde ein besonderes Ritual wenn sie über etwas Dampf ablassen wollen: sie legen die Hände übereinander und sagen Olly-olly-oxen-free.

leader *n*	**(An-)Führer(in)**
≠ follower	≠ Anhänger(in), Gefolgsleute
outsider *n*	**Außenseiter(in)**
nerd [nɜːrd] *n, AE inform*	**Streber(in), Nerd**
jock *n*	**Sportler, Sportskanone**
cheerleader *n*	**Cheerleader(in), Anführer(in)**
bff *n, inform (best friend forever)*	**beste(r) Freund(in) für immer**
bro-culture *n*	**„Kumpelwesen"**
Bro-culture is a general term for the youth subculture of male teenagers or young adults who spend time partying, getting drunk, and cultivatiing their macho image.	Bro-culture ist ein allgemeiner Begriff für die Jugendsubkultur männlicher Teenager oder junger Erwachsener, die ihre Zeit mit Feiern, Trinken und der Pflege ihres Macho-Images verbringen.

2.1.2 Teen problems

party *n*	**Party, Fest, Feier**
go partying	ausgehen, feiern, sich ins Nachtleben stürzen
booze *n, inform*	**Alk(ohol); Sauferei**
underage drinking *n*	**Alkoholkonsum Minderjähriger**
binge drinking *n*	**Komasaufen**
drunk [drʌŋk] *adj*	**betrunken**
drunk out of one's mind *inform*	sternhagelvoll
drunk driving	Trunkenheit am Steuer
get drunk	sich betrinken
smashed *adj, inform*	**sturzbesoffen, hackevoll**
= pissed *vulg sl*	
hangover [ˈhæŋˌoʊvɚ] *n*	**Kater**
DUI *n, AE (driving under the influence)*	**Alkohol-, Drogenmissbrauch am Steuer**
hit-and-run (accident) *n*	**(Unfall mit) Fahrerflucht**

drug abuse [ˈdrʌg əˌbjuːs] *n*	**Drogenmissbrauch**
▸ do drugs	▸ Drogen nehmen
stimulant [ˈstɪmjələnt] *n*	**Aufputschmittel**

hallucinogen [ˌhæluːˈsɪnədʒən] *n*	**Halluzinogen**
dope *n, inform*	**Marihuana, Cannabis, „Stoff"**
= weed	
= pot	
(drug) addiction [əˈdɪkʃᵊn] *n*	**(Drogen-)Sucht**
‣ addict	‣ Süchtige(r)
‣ be addicted to	‣ abhängig sein von
crash *n*	**Absturz**

---

bad language *n*	**unanständige Ausdrücke, Kraftausdrücke**
= foul language	
swear [sweə] *v*	**fluchen; pöbeln**
= curse	
curse and swear	mit Schimpfwörtern um sich werfen
swearword	Schimpfwort
F-bomb *n, AE inform*	**F-Wort**
‣ fucking *vulg sl*	‣ Scheiß-, verdammt, verfickt
‣ motherfucker *vulg sl*	‣ Scheißkerl, Wichser
sexist *adj*	**sexistisch**
asshole *n, vulg sl*	**Arschloch**
dickhead *n*	**Volltrottel, Schwachkopf, Arschloch**

---

social media *n*	**soziale Medien**
Social media such as Instagram, Snapchat, Facebook etc. are extremely important for many young people.	Soziale Medien wie Instagram, Snapchat, Facebook usw. sind für viele junge Leute extrem wichtig.
text messaging *n*	**Versenden von SMS-Nachrichten**
‣ text sb	‣ jdm simsen
message *n*	**Nachricht, SMS; Botschaft**
spread hateful messages	Hassbotschaften verbreiten
diss sb *v*	**jdn beschimpfen, jdn dissen**
go viral *v*	**sich im Internet wie ein Lauffeuer verbreiten**

circulate sth *v (on social media)*	**etw (in den sozialen Medien) in Umlauf bringen**
friend sb *v, inform*	**jdn (als Freund) adden**
cyberbullying [ˈsaɪbɚˌbʊliɪŋ] *n*	**Cyber-mobbing**
sexting *n*	**Sexting, Verschicken von Nacktfotos in sozialen Medien**
expose intimate information	**intime Informationen preisgeben**
"hot or not" list *n*	**Liste, wer oder was angesagt, heiß ist oder nicht**

2.1.3 Choices

responsibility [rɪˌspɑːnsəˈbɪlət̬i] *n*	**Verantwortung, Verantwortlichkeit**
self responsibility	Selbstverantwortung
sense of responsibility	Verantwortungsbewusstsein
take responsibility for sb / sth	Verantwortung für jdn / etw übernehmen
▸ responsible	▸ verantwortlich
▸ irresponsible	▸ unverantwortlich
be accountable for sth *v*	**für etw verantwortlich sein**
▸ accountability	▸ Verantwortlichkeit, Rechenschaft
commit oneself (to sb / sth) *v*	**sich an jdn / etw binden; sich (für jdn / etw) engagieren**
disregard *n, uncount*	**Gleichgültigkeit**
= indifference	

guilt [gɪlt] *n, uncount*	**Schuld(gefühl)**
feelings *(pl)* of guilt	Schuldbewusstsein
admit one's guilt	seine Schuld anerkennen, seine Schuld zugeben
guilt complex	Schuldkomplex
▸ guilty	schuldig, schuldbewusst
do sth wrong *v*	**sich etw zuschulden kommen lassen**

blame [bleɪm] *n*	**Schuld**
take the blame for sth	die Schuld für etw auf sich nehmen
blame sb (for sth) *v*	**jdm die Schuld (an etw) geben**
Who is to blame for Hannah's increasing desperation?	Wer trägt die Schuld an Hannahs zunehmender Verzweiflung?
fault [fɔːlt] *n, uncount*	**Schuld**
It's your own fault.	Du bist selbst schuld.

peer pressure *n*	**Gruppendruck**
social status *n, uncount*	**sozialer Status, Rang**
= (social) standing	soziales, gesellschaftliches Ansehen
group affiliation *n*	**Gruppenzugehörigkeit**
group dynamics *(pl)*	Gruppendynamik
group conflict	Gruppenkonflikt
fulfill (role) expectations	**(Rollen-)Erwartungen erfüllen**
misfit [ˈmɪsfɪt] *n*	**Außenseiter(in), Eigenbrötler(in)**
ability to act *n*	**Handlungsfähigeit**
limited ability to act	eingeschränkte Handlungsfähigkeit

2.2 Social behavior

2.2.1 Consequences of social behavior

Consequences

At its heart *Thirteen Reasons Why* is about the **choices** Hannah and the people on her list **make.** Hannah **accuses** her fellow students of not considering what the **consequences** of their behavior and their actions would be for her. They did not **pay** enough **attention to** how they **treated each other**.

make choices	**Entscheidungen treffen**
accuse sb of sth *v*	**jdm etw unterstellen, jdn einer Sache beschuldigen**
consequence *n*	**Auswirkung, Folge**
pay attention to sb / sth	**auf jdn / etw achten**
treat sb (well / badly) *v*	**jdn (gut / schlecht) behandeln**

social behavior [bɪˈheɪvjɚ] *n, AE, uncount*	**Sozialverhalten**
‣ behave	‣ sich verhalten, sich benehmen
‣ misbehave	‣ sich daneben, schlecht benehmen
interaction *n*	**Interaktion, Wechselwirkung**
‣ interact	‣ aufeinander einwirken
action [ˈækʃən] *n*	**Handlung, Handeln**
reaction [rɪˈækʃᵊn] *n*	**Reaktion**
conduct [ˈkɑːndʌkt] *n, uncount, form*	**Benehmen, Verhalten**
rules of conduct	Verhaltensregeln

lead to sth *v*	**zu etw führen**
result [rɪˈzʌlt] *n*	**Ergebnis, Resultat**
‣ result in	‣ führen zu
repercussion *n*	**Auswirkung, Nachspiel**
have repercussions on sb	sich auf jdn auswirken
affect sb *v*	**sich auswirken auf jdn, jdn beeinflussen**
effect [ɪˈfekt] *n*	**Wirkung, Folge**
after-effect	Nachwirkung, Folge
butterfly effect *(Can the beating of a butterfly's wings in Chile lead to a tornado in Texas?)*	Schmetterlingseffekt
snowball effect	Schneeballeffekt
have a negative effect on sb / sth	negative Auswirkungen auf jdn / etw haben
impact (on) [ˈɪmpækt] *n*	**Auswirkung(en) (auf), Einfluss (auf)**

consequence *n*	**Folge, Auswirkung**
bear the consequences	die Folgen tragen
suffer the consequences	unter den Folgen leiden, die Konsequenzen tragen
face the consequences	die Folgen tragen, die Folgen bewältigen, sich mit den Folgen auseinandersetzen
deal with the consequences	sich mit den Folgen auseinandersetzen

responsibility *n*	**Verantwortung**
take responsibility (for sth)	die Verantwortung (für etw) übernehmen
shirk (the) responsibility	sich vor der Verantwortung drücken
deny responsibility	sich der Verantwortung entziehen, die Verantwortung leugnen
avoid responsibility	sich aus der Verantwortung stehlen
▸ responsible (for)	▸ verantwortlich (für)

consequences can be

- **fatal** – fatal, tödlich
- **dire** – verheerend, katastrophal
- **disastrous** – verhängnisvoll
- **terrible** – schrecklich
- **grievous** – schlimm, schwerwiegend
- **irreparable** – nicht wieder gutzumachend, irreparabel
- **far-reaching** – weitreichend
- **unwanted** – ungewollt
- **unexpected** – unerwartet
- **unintentional** – unbeabsichtigt

revenge [rɪˈvendʒ] *n*	**Rache**
take revenge on sb for sth	sich an jdm für etw rächen
in revenge for sth	aus Rache für etw
petty act of revenge	kleinlicher Racheakt
get back at sb *v*	**sich an jdm rächen**
expose sb *v*	**jdn bloßstellen**
expose sb to ridicule	jdn der Lächerlichkeit preisgeben

abuse sb's trust [ə'bju:z]	**jds Vertrauen missbrauchen**
meanness *n*	**Gemeinheit**
deliberate [dɪ'lɪbrət] *adj*	**absichtlich**
= intentional	

traumatic *adj*	**traumatisch**
betrayal *n*	**Verrat**
▸ betray sb	▸ jdn verraten
exclusion (from sth) [ɪks'klu:ʒn] *n*	**Ausgrenzung (von etw), Ausschluss (aus etw)**
▸ exclude sb from sth	▸ jdn von etw ausschließen
feel deserted	**sich im Stich gelassen fühlen**
isolation [ˌaɪsə'leɪʃən] *n, uncount*	**Vereinsamung, Ausgrenzung**
loss of self-esteem *n*	**Verlust des Selbstwertgefühls**

2.2.2 Rumors, gossip and their effects

Rumors

Rumors can **spread** very quickly, even if people don't necessarily **believe** them. People **react to** rumors very differently, but once a rumor has **started**, it is difficult to **ignore**. You can try to **disprove** it or simply **deny** it. But some of it will **stick**. This makes it hard for victims of rumors to get over them completely and **restore their reputations**.

rumor *n, AE*	**Gerücht**
= rumour *BE*	
rumor has it ...	es heißt ..., man sagt ..., es geht das Gerücht, dass ...
spread a rumor	**ein Gerücht verbreiten**
believe (in) the rumors	**den Gerüchten glauben**
react to a rumor	**auf ein Gerücht reagieren**
start a rumour	**ein Gerücht in die Welt setzen**
ignore a rumor	**ein Gerücht ignorieren, nicht beachten**
disprove a rumor	**ein Gerücht widerlegen**
deny a rumor	**ein Gerücht bestreiten**
stick *v*	**haften bleiben**
restore one's reputation	**seinen Ruf wiederherstellen**

gossip [ˈɡɑːsəp] *n*	**Klatsch, Tratsch**
vicious gossip	böser, gemeiner Klatsch
juicy gossip	pikantes Gerücht
spread gossip (by word of mouth)	Tratsch (mündlich) verbreiten
‣ gossip (about sb)	‣ (über jdn) tratschen
curiosity [ˌkjʊriˈɑːsət̬i] *n*	**Neugier**
satisfy sb's curiosity	jds Neugier befriedigen
‣ curious	‣ neugierig
talk about sb behind their back	**hinter seinem Rücken über jdn reden**
sensationalism *n*	**Sensationsgier**

truth [tru:θ] *n*	**Wahrheit**
tell the truth	die Wahrheit sagen
▸ truthfulness	▸ Wahrhaftigkeit
▸ truthful	▸ wahr(heitsgemäß)
genuine [ˈdʒenjuɪn] *adj*	**echt, aufrichtig, wahr**
sincerity *n*	**Aufrichtigkeit**
▸ sincere	▸ aufrichtig
(in) reality *n*	**(in) Wahrheit**
▸ real	▸ echt, wahr
fact *n*	**Tatsache**
based on facts	auf Tatsachen beruhend

untruth *n*	**Unwahrheit**
lie [laɪ] *n*	**Lüge**
= falsehood	
tell lies	Lügen erzählen
spread lies about sb	Lügen über jdn verbreiten
malicious lies	gemeine Lügen
▸ liar	▸ Lügner(in)
exaggeration [ɪɡˌzædʒᵊrˈeɪʃᵊn] *n*	**Übertreibung**
▸ exaggerate (sth)	▸ (etw) übertreiben
embellish sth *v*	**etw ausschmücken**

Effects of rumors

Rumors often have massively **detrimental effects** on the person they **are aimed** at. First, their reputation may **suffer**. Second, their self-confidence may be **shaken**. In the worst case, the victims of rumors feel they have no **safe haven** anywhere.

have a detrimental effect on sb / sth	**sich nachteilig auf jdn / etw auswirken**
aim sth at sb / sth *v*	**etw auf jdn / etw richten**
suffer *v*	**leiden**
shaken *adj*	**erschüttert**
safe haven *n*	**sicherer Zufluchtsort**

reputation [ˌrepjəˈteɪʃn] *n*	**Ruf, Renommee**
build (up) a reputation for oneself as	sich einen Ruf erwerben als
enjoy a good reputation	einen guten Ruf haben
live up to one's reputation as ...	seinem Ruf als ... gerecht werden
with a bad reputation	von schlechtem, zweifelhaften Ruf
damage sb's reputation	jds Ruf schädigen
image [ˈɪmɪdʒ] *n*	**Image**
improve one's image	sein Image verbessern
ruin sb's image	jds Image ruinieren
perception (of sb) [pɚˈsepʃən] *n*	**Wahrnehmung (von jdm)**
▸ perceive sb as	▸ jdn wahrnehmen als
judge sb (by sth) *v*	**über jdn urteilen, jdn (nach etw) beurteilen**

speak badly about sb	**jdm etw Schlechtes nachsagen, schlecht über jdn reden**
defamation *n*	**üble Nachrede, Rufschädigung**
defamation of character	Rufmord
message *n*	**Nachricht, SMS; Botschaft**
spread hateful messages	Hassbotschaften verbreiten
mess with sb's life	**sich einmischen in das Leben von jdn, jds Leben schwer machen**
smear campaign *n*	**Rufmordkampagne**
hate [heɪt] *n*	**Hass**
= hatred	
hate campaign	Hasskampagne
hate crime	Verbrechen, das aus (Rassen-)Hass oder Vorurteilen begangen wird
tirade of hate	Hasstirade
be full of hate	hasserfüllt sein
character assassination [əˌsæsɪˈneɪʃn] *n*	**Rufmord**
verbal abuse [əˈbjuːs] *n*	**Schmähung, Anpöbelei**

slut *n, derog*	**Schlampe**
‣ slut shaming	‣ das Anprangern einer Frau aufgrund ihres (scheinbar) freizügigen sexuellen Verhaltens
tease *n, inform (sb who sexually provokes sb else with no intention of satisfying that person's desire)*	**Person, die jd anmacht und dann abblitzen lässt**
promiscuous [prəˈmɪskjuəs] *adj*	**sexuell freizügig, promisk**
stigmatize sb (as sth) *v*	**jdn als etw abstempeln, brandmarken**
‣ stigma	‣ Stigma
supposedly *adv*	**vermeintlich**

confidence [ˈkɑːnfɪdᵊns] *n, uncount*	**Vertrauen, Zuversicht**
loss of confidence	Vertrauensverlust
take sb into one's confidence	jdn ins Vertrauen ziehen
breach of confidence	Vertrauensbruch
betray sb's confidence	jds Vertrauen missbrauchen
‣ confidential	‣ vertraulich
‣ confide in sb	‣ sich jdm anvertrauen
self-confidence *n*	**Selbstvertrauen**
lack of self-confidence	mangelndes Selbstvertrauen
suspicion [səˈspɪʃᵊn] *n*	**Verdacht, Misstrauen**
‣ suspicious	‣ verdächtig, misstrauisch
fail sb *v*	**jdn im Stich lassen**
slight sb [slaɪt] *v*	**jdn vernachlässigen, jdn beleidigen, jdn kränken**

privacy *n*	**Privatsphäre**
loss of privacy	Verlust der Privatsphäre
safe haven *n*	**sicherer Hafen, Zufluchtsort**
security [sɪˈkjʊərəṱi] *n, uncount*	**Sicherheit, Geborgenheit**
≠ insecurity	≠ Unsicherheit
intrusion *n*	**Störung, Eindringen**
‣ intrude (on sb's privacy)	‣ (jds Privatsphäre) verletzen
‣ intruder	‣ Eindringling
show sb up [ˌʃəʊˈʌp] *phrasal v*	**jdn bloßstellen**

expose *v*	**bloßlegen, offenbaren**
expose intimate information	vertrauliche Informationen preisgeben
innocence *n*	**Unschuld, Arglosigkeit, Naivität**
‣ innocent	‣ unschuldig, naiv

2.2.3 Bullying and manipulation

Bullying

Bullying is defined as mean, hurtful behavior towards someone who is **perceived** as being **weaker** or more **vulnerable**. He or she may **fall victim to** different forms of bullying: **verbal**, **social (or relational)**, **physical** bullying, as well as **cyberbullying**.

bullying [ˈbʊlɪŋ] *n*	**Mobbing, Bullying, Schikane**
‣ bully sb	‣ jdn mobben, jdn schikanieren
‣ bully	‣ Schläger(in), Fiesling, Tyrann(in)
perceive sb as *v*	**jdn wahrnehmen als**
weak *adj*	**schwach**
vulnerable *adj*	**verletzlich, verwundbar**
fall victim to sth	**etw zum Opfer fallen**
verbal bullying *n*	**verbales Mobbing**
social bullying *n*	**soziales Mobbing**
= relational bullying	
physical bullying *n*	**physisches Mobbing, Mobbing durch körperliche Gewalt**
cyberbullying *n*	**Cybermobbing, Cyberbullying**

harm sb *v*	**jdm Schaden zufügen, jdn schaden**
damage sb [ˈdæmɪdʒ] *v*	**jdm schaden**
Mobbing damages a person's physical, social and emotional well-being and may have long-lasting consequences.	Mobbing beeinträchtigt massiv das körperliche, soziale und emotionale Wohlergehen einer Person und kann langfristige Folgen haben.

harass sb [ˈhəræs] *v*	**jdn belästigen, jdn schikanieren, jdn mobben**
sexually harass sb	jdn sexuell belästigen
▸ harassment	▸ Belästigung, Schikane, Mobbing
embarrass sb [ɪmˈbærəs] *v*	**jdn in eine peinliche Lage bringen**
▸ embarrassed	▸ peinlich berührt, verlegen
humiliate sb [hjʊˈmɪlɪeɪt] *v*	**jdn erniedrigen, jdn demütigen**
▸ humiliating	▸ erniedrigend
▸ humiliation	▸ Erniedrigung
power imbalance [ɪmˈbælən(t)s] *n*	**Machtungleichgewicht, Machtgefälle**
climate of fear *n*	**Klima der Angst**
deliberate [dɪˈlɪbərət] *adj*	**gezielt, bewusst, vorsätzlich**
systematic *adj*	**systematisch**
repeated *adj*	**wiederholt**
malicious [məˈlɪʃəs] *adj*	**böswillig**
instigator *n*	**Anstifter(in), Täter(in)**
▸ instigate sth	▸ etw anstiften
victim *n*	**Opfer**

use of force *n*	**Gewaltanwendung**
quarrel *n*	**Streit, Auseinandersetzung**
hostility [hɑːsˈtɪləṱɪ] *n*	**Feindseligkeit, Anfeindung**
▸ hostile	▸ feindselig, aggressiv

Verbal bullying

Verbal bullying comes in many forms: **calling sb names**, **insulting sb**, **dropping homophobic** or **racist remarks**, **telling lies** ...

verbal bullying *n*	**verbales Mobbing**
verbal abuse *n*	**Beleidigung, Beschimpfung**
call sb names	**jdn beschimpfen**
slander sb *v*	**jdn beleidigen, jdn verleumden**
diss sb *v, inform*	**jdn dissen, jdn beleidigen, jdn beschimpfen**
insult sb *v*	**jdn beleidigen**

tease sb *v*	**jdn ärgern, sticheln über jdn, jdn hänseln**
make snide remarks	**abfällige Bemerkungen machen**
drop homophobic / racist remarks	**schwulenfeindliche / rassistische Bemerkungen fallen lassen**
tell lies about sb	**über jdn Lügen erzählen**

social bullying *n* — **soziales Mobbing**
= relational bullying
Social bullying is not always easy to detect as it often takes a more passive or indirect form. — Soziales Mobbing ist nicht immer leicht aufzudecken, da es oft eher passiver bzw. indirekter Natur ist.
Not only does social bullying have a direct impact on a person's mental and emotional state, it can also adversely affect their reputation. — Soziales Mobbing beeinträchtigt nicht nur stark die emotionale und seelische Verfassung eines Menschen, es hat darüber hinaus meist auch negative Auswirkungen auf deren Ruf.

contemptuous *adj* — **verächtlich**
cast contemptuous looks at sb — jdm verächtliche Blicke zuwerfen

menacing *adj* — **drohend, bedrohlich**
= threatening
menacing behavior — bedrohliches Verhalten
‣ menace sb — ‣ jdn bedrohen, jdm drohen
‣ menace — ‣ Drohung

mimic sb *v* — **jdn bewussst nachäffen**

pull faces — **Grimassen schneiden**

spread rumors — **Gerüchte verbreiten**

insulting *adj* — **beleidigend**
‣ insult sb — ‣ jdn beleidigen
‣ insult — ‣ Beleidigung

give sb the finger *AE inform* — **jdm den Stinkefinger zeigen**

laugh at sb *v* — **jdn auslachen, sich über jdn lustig machen**

leave sb out (of sth) *v* = exclude sb (from sth) She was deliberately left out of the loop.	**jdn (bei etw) außen vor lassen, jdn im Stich lassen** Sie wurde extra außen vor gelassen., Sie wurde extra nicht eingeweiht.
social exclusion *n*	**Ausschluss aus der Gesellschaft, Gruppe**
turn away from sb *v*	**sich von jdm abwenden**

physical bullying

- **jostle sb** – jdn anrempeln
- **shove sb** – jdn schubsen
- **push sb around** – jdn herumschubsen
- **slap sb (in the face)** – jdn (ins Gesicht) schlagen
- **pinch sb** – jdn kneifen
- **trip sb up** – jdm ein Bein stellen
- **kick sb's ass** *AE inform* – jdn in den in Hintern treten
- **sucker-punch sb** – jdm einen unerwarteten Schlag versetzen
- **beat sb up** – jdn zusammenschlagen
- **knock sb down** – jdn niederschlagen, jdn umstoßen
- **attack sb** – jdn angreifen
- **assault and battery** – Körperverletzung
- **physical violence** – körperliche Gewalt

cyberbullying *n* With the widespread distribution of smartphones cyberbullying has become a horrifying reality for many young people.	**Mobbing im Internet, Cybermobbing, Cyberbullying** Mit der weiträumigen Verteilung der Smartphones ist Cyberbullying für viele junge Leute erschreckende Realität geworden.

instant messaging *n, uncount*	Instant-Messaging, Nachrichtensofortversand
abusive *adj (text, email etc.)*	beleidigend
post sth *v (photo, video etc.)*	etw ins Internet stellen
sexting *n*	Sexting, Verschicken von Nacktfotos in sozialen Medien
misuse sb's log-in	jds Log-in missbrauchen
hack sb's account	jds Account hacken
online abuse *n*	Online-Missbrauch
be subject to online abuse	Opfer von Online-Missbrauch werden

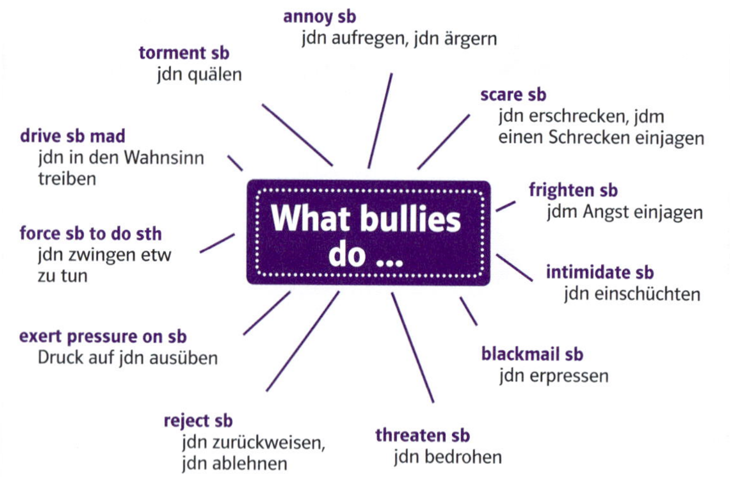

disregard for others	Geringschätzung anderen gegenüber
contempt (for sb) *n, uncount*	Geringschätzung (für jdn), Verachtung (für jdn)
antisocial behavior [ˌæntaɪˈsoʊʃəl], *AE*	asoziales Verhalten, unsoziales Verhalten
sly *adj*	hinterhältig, gemein
arbitrary *adj*	willkürlich

callous *adj*	**kaltschnäuzig, abgestumpft, abgebrüht**
scathing *adj*	**verletzend, beleidigend**
rude [ru:d] *adj*	**grob, rüpelhaft, unverschämt**
disgusting *adj*	**widerlich, ekelhaft**

manipulation *n*	**Manipulation**
‣ manipulator	‣ Manipulierer(in)
‣ manipulative	‣ manipulativ
manipulate sb *v*	**jdn manipulieren**
difficult to manipulate	schwer zu manipulieren
manipulable *adj*	**manipulierbar**
easily manipulable	leicht manipulierbar
force sb (to do sth) *v*	**jdn zwingen (etw zu tun)**
= make sb do sth	
pressure *n*	**Druck**
put pressure on sb	auf jdn Druck ausüben
‣ pressure sb (to do sth)	‣ jdn bedrängen (etw zu tun)
induce sb to do sth *v*	**jdn dazu bringen etw zu tun**
= persuade	
influence (on) *n*	**Einfluss (auf)**
exert influence on sb	auf jdn Einfluss nehmen
‣ influence sb	‣ jdn beeinflussen
impressionable *adj*	**beeinflussbar**

2.2.4 Kindness

kindness *n*	**Freundlichkeit, Liebenswürdigkeit**
= friendliness	
‣ kind	‣ liebenswürdig, nett, freundlich
empathy *n*	**Einfühlungsvermögen, Empathie**
= capacity for understanding	
feel empathy for sb	sich hineinversetzen in jdn, mitfühlen mit jdm
have empathy with sb	Empathie mit jdm haben
‣ empathize (with sb)	‣ sich in jdn hineinfühlen

consideration *n, uncount*	*hier*: **Rücksicht**
show consideration for sb	Rücksicht auf jdn nehmen
lack of consideration	Rücksichtslosigkeit

Support

Hannah might not have committed suicide if she had had more **support** from her fellow students or her teachers, or if somebody had **spoken up for** her, **protected** her **from** the rumors - if somebody simply had **cared** more.

support *n*	**Unterstützung**
give moral support to sb	**jdm moralische Unterstützung geben, jdm Rückendeckung geben**
care for sb *v*	**sich um jdn kümmern**
look after sb *v*	**sich um jdn kümmern**
speak up for sb *v*	**für jdn sprechen, sich für jdn einsetzen**
voice one's support for sb	**sich für jdn aussprechen**
take notice of sb	**von jdm Notiz nehmen**
protect sb from sth *v*	**jdn vor etw schützen**
come to sb's aid	**jdm zu Hilfe kommen**
fight for sb *v*	*hier*: **sich für jdn einsetzen**
give sb a shoulder to lean on	**jdm eine Schulter zum Anlehnen geben**

sympathy (with sb) [ˈsɪmpəθi] *n*	**Sympathie, Mitleid, Mitgefühl (mit jdm)**
‣ sympathize (with sb)	‣ (mit jdm) sympathisieren, (mit jdm) Mitgefühl haben
‣ sympathetic (to sb)	‣ mitfühlend, verständnisvoll, Mitgefühl habend mit jdm
encouragement [ɪnˈkʌrɪdʒmənt] *n, uncount*	*hier:* **Unterstützung, Ermutigung**
‣ encourage sb	‣ jdn unterstützen, jdn ermutigen
appreciate sb / sth [əˈpriːʃieɪt] *v*	**jdn / etw schätzen, jdn / etw zu schätzen wissen**
‣ appreciation	‣ Anerkennung, Wertschätzung

understanding *adj*	**verständnisvoll**
cheer (sb) up [ˌtʃɪər'ʌp] *phrasal v*	**(jdn) aufmuntern**

2.3 Mental health

2.3.1 Mental health disorders

mental ['mentᵊl] *adj*	**seelisch, psychisch, Geistes-**
= psychological	
mental illness	Geisteskrankheit, psychische Krankheit
mental (health) disorder	psychische Krankheit
mental health	psychische Gesundheit
mental instability	psychische Instabilität
obsession *n*	**Besessenheit, Zwangsvorstellung**
‣ obsessed (with sth)	‣ (von etw) besessen

insane [ɪn'seɪn] *adj*	**geisteskrank, verrückt**
go insane	verrückt werden
‣ insanity	‣ Wahnsinn, Geisteskankheit
dementia [dɪ'menʃə] *n*	**Demenz**
Alzheimer's (disease) *n*	**Alzheimer, Altersdemenz**
madness *n*	**Wahnsinn, Verrücktheit**
‣ mad	‣ verrückt, wahnsinnig
crazy ['kreɪzi] *adj, mainly AE, inform*	**verrückt**
‣ craziness	‣ Verrücktheit

Mental health disorders

There are many types of mental health disorders, including:

obsessive compulsive disorder *n*	**Zwangsstörung, Zwangsneurose**
eating disorder *n*	**Essstörung**
anorexia *n*	**Magersucht**
bulimia *n*	**Bulimie, Fresssucht**
panic attack *n*	**Panikattacke**
social phobia *n*	**Sozialphobie**
= social anxiety disorder	

agoraphobia *n*	Platzangst (auf großen Plätzen)
claustrophobia *n*	Klaustrophobie, Platzangst
(drug) addiction *n*	(Drogen-)Abhängigkeit, (Drogen-)Sucht
PTSD *n (post-traumatic stress disorder)*	posttraumatische Belastungsstörung
ADHD *n (attention deficit (hyperactivity) disorder)*	ADHS *(Aufmerksamkeitsdefizitsyndrom mit Hyperaktivität)*
schizophrenia *n*	Schizophrenie, Bewusstseinsspaltung
psychosis *n*	Psychose, Bewusstseinsspaltung
hallucination [həˌluːsɪˈneɪʃn] *n*	Halluzination, Wahnvorstellung
delusion *n*	Täuschung, Einbildung, Wahnvorstellung
paranoia [ˌperəˈnɔɪə] *n* ‣ paranoid	Paranoia, Verfolgungswahn ‣ paranoid

prevention [prɪˈvenʃᵊn] *n, uncount* ‣ prevent sb from doing sth	Vorbeugung, Vermeidung ‣ jdn daran hindern etw zu tun, jdn davon abhalten etw zu tun
warning sign *n*	Warnzeichen
turn to sb for help	sich hilfesuchend an jdn wenden
have access to	Zugang haben zu
crisis hotline [ˈkraɪsɪs] *n*	Krisenhotline
helpline *n*	Sorgentelefon
self-help group *n*	Selbsthilfegruppe
counseling *n, AE* = counselling *BE*	Gesprächstherapie, psychologische Betreuung; Beratung
receive counseling	psychotherapeutisch betreut werden, zu einer Gesprächstherapie gehen
‣ counsel(l)or	‣ Therapeut(in)
problem solving *n* problem solving strategy	Problembewältigung Problemlösungsstrategie

therapy *n*	**Therapie**
‣ therapist	‣ Therapeut(in)
psychotherapy *n*	**Psychotherapie**
Psychotherapy is the generic term for treatments of all kinds of psychological disorders.	Psychotherapie ist der Oberbegriff für alle Arten von Behandlungen bei psychischen Störungen.
psychologist [saɪˈkɑːlədʒɪst] *n*	**Psychologe, -login**
psychiatrist [saɪˈkaɪətrɪst] *n*	**Psychiater(in)** *(Facharzt für seelische Erkrankungen)*
treatment [ˈtriːtmənt] *n*	**Behandlung**
inpatient treatment	stationäre Behandlung
outpatient treatment	ambulante Behandlung
‣ treat sb / sth	‣ jdn / etw behandeln
prescription (for) [prɪˈskrɪpʃᵊn] *n*	**Rezept, Verordnung (für)**
‣ prescribe (sb) sth	‣ (jdm) etw verschreiben, (jdm) etw verordnen
medication [ˌmedɪˈkeɪʃᵊn] *n, uncount*	**Medikament(e)**
= drug	
antidpressant [ˌæntiˌdɪˈpresənt] *n*	**Antidepressivum**

2.3.2 Depression

(clinical) depression [dɪˈpreʃᵊn] *n, uncount*	**Depression(en)**
‣ (be) depressed	‣ niedergeschlagen (sein)
People suffering from depression often feel sad, take no interest in life, cannot enjoy anything anymore and lack self-esteem.	Menschen, die an einer Depression leiden, sind oft traurig, nehmen keinen Anteil am Leben, können nichts mehr genießen und es mangelt ihnen an Selbstwertgefühl.
bipolar disorder *n*	**bipolare Störung, manisch-depressive Störung**
mood disorder *n*	**affektive Störung**
mood swing *n*	**Stimmungsschwankung**
low mood *n*	**gedrückte Stimmung**

anxiety [æŋˈzaɪəṭi] *n, uncount*	**Sorge, Angst**
▸ anxious	▸ ängstlich
(overly) sensitive *adj*	**(über)empfindlich**
(lack of) self-esteem *n*	**(fehlendes) Selbstwertgefühl**
feel down *v*	**(sich) niedergeschlagen fühlen**
terror [ˈterɚ] *n*	**Entsetzen, Todesangst**
traumatic *adj*	**traumatisch**
▸ traumatized	▸ traumatisiert
▸ trauma	▸ Trauma
desperate [ˈdespᵊrət] *adj*	**verzweifelt**
motivation *n*	*hier*: **Antrieb**
= drive	
negative outlook *n*	**negative Zukunftsperspektive**
get through the day	**sich durch den Tag schleppen**

2.3.3 Suicide

suicide [ˈsuːəsaɪd] *n*	**Selbstmord, Freitod**
commit suicide	Selbstmord begehen
suicide attempt	Selbstmordversuch
suicide rate	Selbstmordrate
suicide prevention	Suizidprävention
be a suicide risk	selbstmordgefährdet sein
drive sb to suicide	jdn in den Selbstmord treiben
▸ suicidal	▸ selbstmörderisch
▸ suicide	▸ Selbstmörder(in)
In the novel Hannah commits suicide by swallowing pills, but in the series she slits her wrists.	Im Roman nimmt sich Hannah das Leben, indem sie Tabletten schluckt, in der Serie jedoch schneidet sie sich die Pulsadern auf.
take one's own life	**sich das Leben nehmen**
= kill oneself	
= commit suicide	

Motives for suicide

There can be a variety of reasons why someone takes or attempts to take their own life:

despair *n*	**Verzweiflung**
feelings of abandonment *pl*	**Gefühle der Verlassenheit**
vulnerability *n*	**Verletzlichkeit**
loneliness *n*	**Einsamkeit**
be a social outcast	**gesellschaftliche(r) Außenseiter(in) sein**
neglect *n*	**Vernachlässigung**
inability to cope (with life)	**Unfähigkeit (mit dem Leben) zurechtzukommen**
fear of failure *n*	**Versagensangst**
excessive demands *pl*	**Überforderung** *(z. B. durch die Eltern)*
lovesickness *n*	**Liebeskummer**
hopelessness *n*	**Ausweglosigkeit**
collapse of one's world	**Zusammenbruch der eigenen Welt**

warning sign *n*	**Warnzeichen**
at risk (of committing suicide)	**suizidgefährdet, selbstmordgefährdet**
risk factor *n*	**Risikofaktor**
self-harming *n*	**selbstverletzendes Verhalten** *(z. B. Aufritzen der Haut)*
‣ self-harm	‣ sich selbst verletzen

2.4 Relationships

2.4.1 Friendship

relationship *n*	**Beziehung, Verhältnis**
friendship *n*	**Freundschaft**
build a deep and close friendship with sb	mit jdm eine tiefe und enge Freundschaft aufbauen

friend *n*	**Freund(in)**
≠ frenemy *inform*	≠ falscher Freund
mutual friend	gemeinsame(r) Freund(in)
close friend	enge(r) Freund(in)
make friends with sb	sich mit jdm anfreunden
be friends with sb	mit jdm befreundet sein
pal *n, inform*	**Freund, Kumpel**
= buddy *AE*	
soul mate *n*	**Seelenfreund(in), Seelenverwandte(r)**

Friendships can be

- **stifling** beengend, erdrückend
- **intimate** intim, innig
- **fabulous** großartig, fabelhaft
- **demanding** anspruchsvoll, anstrengend
- **empathetic** einfühlsam
- **superficial** oberflächlich
- **supportive** unterstützend
- **easygoing** entspannt
- **everlasting** ewig, unvergänglich
- **casual** locker
- **lifelong** lebenslang

show an interest in sb	Interesse an jdm zeigen; auf jdn eingehen
be attracted to sb	sich zu jdm hingezogen fühlen
hang out with sb *v, inform*	abhängen mit jdm, Zeit mit jdm verbringen
enjoy sb's company	jds Gesellschaft genießen
feel close to sb	sich jdm nahe fühlen
get on well with sb	mit jdm gut auskommen
open up to sb *v*	sich jdm öffnen

trust sb *v*	jdm vertrauen, zu jdm Vertrauen haben
confide in sb *v*	sich jdm anvertrauen
stand by sb *v*	jdm zur Seite stehen, jdm beistehen
comfort sb [ˈkʌmfɚt] *v*	jdn trösten
rely on sb *v*	sich auf jdn verlassen
connect to sb *v*	sich jdm anschließen, sich mit jdm verbinden
reach out to sb *v*	jdm eine helfende Hand leihen
be on the same wavelength as sb	mit jdm auf der gleichen Wellenlänge sein
acknowledge sb for what he / she is	jdn akzeptieren, nehmen wie er / sie ist

---

dislike *n*	**Abneigung**
≠ liking	≠ Zuneigung
have a strong dislike of sb	jdn nicht abkönnen
‣ dislike sb	‣ jdn nicht mögen
hate sb / sth [heɪt] *v*	jdn / etw hassen
aversion (to sb) *n*	Aversion (gegen jdn)
let sb down *v*	jdn enttäuschen, jdn im Stich lassen
turn sb down *v*	jdm eine Abfuhr erteilen
turn one's back on sb	jdm den Rücken kehren, sich von jdm abwenden
betray sb *v*	jdn verraten
ignore sb [ɪgˈnɔːr] *v*	jdn ignorieren, jdn nicht beachten
fail sb *v*	jdn enttäuschen, jdn im Stich lassen
fail *v (relationship)*	scheitern

Changing friendships

Friendships change over time. Sometimes friends simply **drift apart** as **life circumstances** change or you meet new people. Friendships may become **strained**. **Resentment**, **jealousy** and **holding grudges** against each other finally lead to a **break-up**. Some **bonds** on the other hand **grow deeper and stronger** with time and turn into lifelong friendships.

drift apart *v*	**sich auseinanderleben**
life circumstances *pl*	**Lebensumstände**
strained *adj*	**angespannt**
resentment *n*	**Ärger, Groll**
jealousy *n*	**Eifersucht**
hold a grudge (against sb)	**einen Groll (gegen jdn) hegen**
break-up *n*	**Trennung, Auflösung**
bond *n*	**Bindung**
grow deeper and stronger	**enger und tiefer werden**

2.4.2 Family relationships

family *n*	**Familie**
family size	Familiengröße
nuclear family	Kernfamilie
extended family	Großfamilie
neo-extended family	moderne Großfamilie
blended family	Patchworkfamilie
dysfunctional family	Problemfamilie, gestörte Familie
stepfamily *n*	**Patchworkfamilie, Stieffamilie**
‣ stepmother	‣ Stiefmutter
‣ stepfather	‣ Stiefvater
‣ stepchild	‣ Stiefkind

siblings *n pl*	**Geschwister**
= brothers and sisters	
‣ sibling	‣ Schwester oder Bruder
single child *n*	**Einzelkind**
= only child	

twin *n*	**Zwilling**
twin sister	Zwillingsschwester
twin brother	Zwillingsbruder
foster child *n, pl* children	**Pflegekind**
(spoiled) brat *n, derog*	**(verzogenes) Kind, Gör**
pampered *adj*	**verwöhnt**
uncared for *adj*	**vernachlässigt**
neglected *adj*	**verwahrlost, vernachlässigt**

parents *n pl*	**Eltern**
single parent	alleinerziehendes Elternteil
single mother	alleinerziehende Mutter
single father	alleinerziehender Vater
foster parents	Pflegeeltern
helicopter parents	Helikoptereltern
‣ parent	‣ Elternteil
‣ parenting	‣ Kindererziehung
upbringing *n, uncount*	**(familiäre) Erziehung**
strict upbringing	strenge Erziehung

parents' positive relationship or attitude towards their children

- **easygoing** locker, gelassen, entspannt
- **close** eng
- **relaxed** entspannt
- **affectionate** liebevoll
- **caring** liebevoll, warmherzig
- **understanding** verständnisvoll
- **forgiving** nachsichtig
- **supportive** unterstützend
- **responsible** verantwortungsbewusst
- **tolerant** tolerant
- **respectful** respektvoll

bring up (a child) *v*	**(ein Kind) aufziehen**
accept sb [əkˈsept] *v*	**jdn akzeptieren, jdn annehmen**
All parents, not only the doting ones, should accept their children as they are.	Alle Eltern, nicht nur die, die ihre Kinder abgöttisch lieben, sollten sie so akzeptieren, wie sie sind.
have faith in one's child	**an sein Kind glauben**
trust sb *v*	**jdm vertrauen**
take an interest in sb	**sich interessieren für jdn**
offer advice	**Rat(schläge) anbieten**
demand sth (of sb) *v*	**(von jdm) etw verlangen, (von jdm) etw fordern**
put sb under pressure	**jdn unter Druck setzen**
argue with sb [ˈɑːrgjuː] *v*	**sich mit jdm streiten**
lay down rules	**Regeln aufstellen**
neglect (sb) *v*	**(jdn) vernachlässigen**
desert sb [dɪˈzɜːrt] *v*	**jdn im Stich lassen**

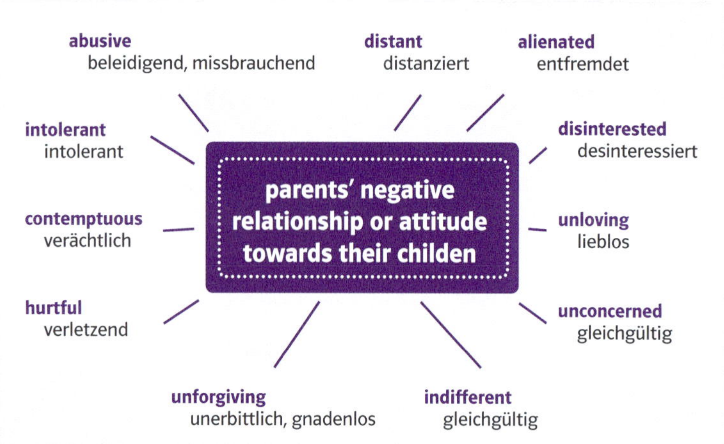

2.4.3 Love

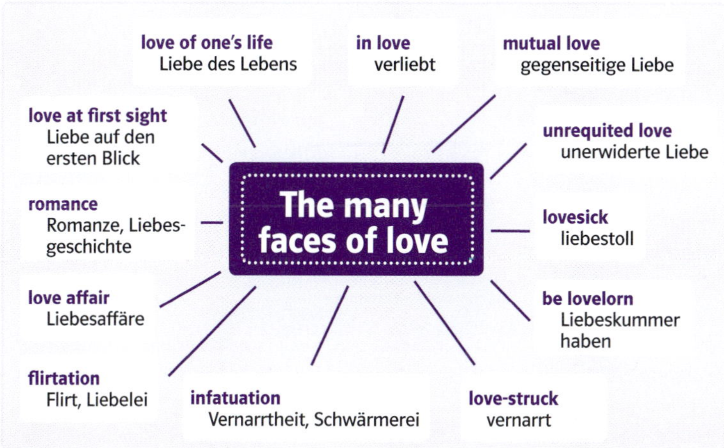

lovers *n pl*	**Liebende**
star-crossed lovers	Liebende unter einem schlechten Stern
▸ lover	▸ Geliebte(r), Liebhaber(in)
girlfriend *n*	**(feste) Freundin**
girlfriend-of-the-moment	momentane Freundin
▸ boyfriend	▸ (fester) Freund
(secret) admirer *n*	**(heimlicher) Verehrer, (heimliche) Verehrerin**
secret crush *n, inform*	**heimlicher Schwarm**

be attracted to sb	**sich zu jdm hingezogen fühlen**
have a crush on sb	**in jdn verknallt sein, für jdn schwärmen**
= fancy sb *inform*	
fall for sb *v*	**sich in jdn verknallen**
hit on sb *v, inform*	**jdn anmachen, jdn anbaggern**
adore sb *v*	**jdn anhimmeln, jdn vergöttern**
pine after sb *v*	**sich nach jdm sehnen, verzehren**
in love (with sb) *adj*	**(in jdn) verliebt**

be (madly) in love with sb	(wahnsinnig) verliebt in jdn sein
fall (head over heels) in love with sb	sich (Hals über Kopf) in jdn verlieben

get to know sb *v*	**jdn kennenlernen**
spend time together	**Zeit zusammen verbringen**
make the first move	**den ersten Schritt machen**
act on one's feelings	**seine Gefühle ausleben**
ask sb out *v*	**sich mit jdm verabreden, jdn zu einem Rendezvous einladen**
seduction *n*	**Verführung**
‣ seduce sb	‣ jdn verführen
date (sb) [deɪt] *v, esp AE*	**sich (mit jdm) treffen, (mit jdm) ausgehen; (mit jdm) liiert sein**
= go out with sb *BE*	
have a date	eine Verabredung haben
‣ first date	‣ erstes Date
‣ blind date	‣ Blind Date
go steady *v*	**fest mit jdm gehen**
item [ˈaɪtᵊm] *n, inform*	*hier:* **Paar**
be an item	zusammen sein

2.4.4 Sexuality

sexuality [ˌsekʃuˈælət̬i] *n, uncount*	**Sexualität**
come to terms with one's sexuality	seine Sexualität annehmen
sexual *adj*	**sexuell, geschlechtlich**
≠ asexual	≠ asexuell, geschlechtslos
(reach) sexual maturity	Geschlechtsreife (erlangen)
sexual urge	Geschlechtstrieb, sexuelle Begierde
sexual drive	Sexualtrieb
sexual craving	heftiges sexuelles Verlangen
sexually active	sexuell aktiv
sensual *adj*	**Sinnes-, sinnlich**
sensual pleasure	Sinnesfreuden

desire [dɪˈzaɪə] *n*	**(sinnliche) Begierde, Erregung**
= lust	
awaken sb's desire	jds Verlangen wecken
curb sb's desire	jds Verlangen zügeln
aroused [əˈraʊzd] *adj*	**(sexuell) erregt**
▸ arouse sb	▸ jdn erregen
▸ arousal	▸ (sexuelle) Erregung
stimulus *n*	**Reiz**
▸ stimulate	▸ reizen
physical [ˈfɪzɪkəl] *adj*	**körperlich**
be obsessed with sex	**sexbesessen sein**

---

sex *n*	**Sex, Geschlechtsverkehr**
= (sexual) intercourse *form*	
consensual sex (with sb)	einvernehmlicher Geschlechtsverkehr (mit jdm)
have sex with sb	**mit jdm Sex haben, mit jdm schlafen**
= sleep with sb	
= make love to sb	
get laid *v, inform*	**mit jdm Sex haben, es tun**
screw (sb) *v, vulg sl*	**(jdn) vögeln, jdn flachlegen**
make out (with sb) *v, AE inform*	**(mit jdm) rummachen, (mit jdm) rumknutschen**
= neck	
horny *adj, inform*	**sexuell erregt, geil, rallig**
sexy *adj*	**sexy, aufreizend, geil**
pet *v*	**knutschen, fummeln**
▸ petting	▸ Knutscherei, Petting

Gender identity

Over the years perception and understanding of **gender** and **gender identity** has evolved. Generally speaking there is greater acceptance and people are free to live according to their **sexual orientation**, although there is still prejudice, discrimination and even persecution in some societies.

gender [ˈdʒendɚ] *n*	Gender, soziales Geschlecht; Geschlecht
gender identity *n*	Genderidentität
sexual orientation *n*	sexuelle Orientierung
be sexually attracted to sb	sich zu jdm sexuell hingezogen fühlen
biological sex *n*	biologisches Geschlecht
binary *adj*	binär
non-binary *adj* = genderqueer	nicht-binär
gender role *n*	Geschlechterrolle

LGBTQI *adj (lesbian, gay, bisexual, transgender, queer (or questioning), intersex)*	**LSBTIQ** *(lesbisch, schwul, bisexuell, transgender, intersexuell und queer)*
lesbian *adj*	lesbisch
gay *adj*	schwul
homosexual *adj*	homosexuell
bisexual *adj*	bisexuell
transgender *adj* = trans	Transgender-
queer *adj*	queer
intersexual *adj*	intersexuell *(weder männlich noch weiblich, das "dritte Geschlecht")*
heterosexual *adj*	heterosexuell
straight *adj, inform*	hetero(sexuell)
cisgender [ˈsɪsˌdʒendɚ] *adj*	Cisgender-, cissexuell

discrimination *n, uncount*	**Diskriminierung, Benachteiligung**
‣ discriminate against sb	‣ jdn diskriminieren
prejudice (against) [ˈpredʒədɪs] *n*	**Vorurteil (gegenüber)**
‣ be prejudiced against sb	‣ Voruteile gegen jdn hegen
shun sb *v*	**jdn meiden, jdm aus dem Weg gehen**
be exposed to persecution	**der Verfolgung ausgesetzt sein**
punishment *n, uncount*	**Strafe, Bestrafung**
‣ be punished	‣ bestraft werden
repress one's sexuality	**seine Sexualität unterdrücken**
be in the closet [ˈklɑːzɪt]	**seine Homosexualität verbergen**
deny sth *v*	**etw leugnen**
In the series Courtney denies she is a lesbian for fear of what the other students will say.	In der Serie leugnet Courtney, dass sie lesbisch ist, weil sie Angst davor hat, was ihre Mitschüler dazu sagen würden.

coming out *n*	**Comingout**
‣ come out	‣ sich outen
outing *n*	**Outen, Outing**
‣ out sb / oneself	‣ jdn / sich outen
question sth *v*	**etw in Frage stellen, etw hinterfragen**
accept sth *v*	*hier*: **zu etw stehen**
= stand by sth	
live out sth freely	**etw ausleben**
= express sth freely	

gay community *n*	**Schwulencommunity, -gemeinschaft**
rainbow flag [ˈreɪnboʊ] *n*	**Regenbogenfahne**
gay pride *n, uncount*	**Gay Pride**
gay pride parade	Schwulenparade
Gay pride stands for the positive stance against discrimination and violence, for sexual diversity and equal rights for the gay community. Its symbol is the rainbow or pride flag.	Gay Pride steht für die positive Haltung gegen Diskriminierung und Gewalt, für sexuelle Diversität und gleiche Rechte für die schwule Community. Sein Symbol ist die Regenbogenfahne.

same-sex relationship *n*	gleichgeschlechtliche Beziehung

2.5 Sexual violence

Sexual violence

All forms of **sexual violence**, from **sexual harassment** to **sexual assault** are serious **criminal offences**.

sexual violence *n*	sexuelle Gewalt
sexual harassment *n*	sexuelle Belästigung
be (sexually) harassed	(sexuell) belästigt werden
sexual assault *n*	sexueller Übergriff, sexuelle Nötigung, Vergewaltigung
assault sb sexually	jdn vergewaltigen, sich an jdm vergehen
(serious) criminal offence *n*	(schwerwiegende) kriminelle Straftat
sexual crime *n*	Sexualdelikt, Sexualverbrechen
sexual offence *n*	Sexualstraftat
sexual abuse *n*	sexueller Missbrauch, Übergriff
abuse sb sexually	jdn sexuell missbrauchen
illegal *adj*	illegal, widerrechtlich

rape [reɪp] *n*	Vergewaltigung
rape victim	Vergewaltigungsopfer
‣ rape sb	‣ jdn vergewaltigen
‣ rapist	‣ Vergewaltiger
date rape *n*	Vergewaltigung während einer Verabredung
gangbang *n, inform*	Gruppenvergewaltigung
force sb to have sex	jdn zum Sex zwingen
aggression [əˈgreʃᵊn] *n, uncount*	Angriff, Übergriff, Aggression
stalker [stɑːkɚ] *n*	Stalker(in)
= peeping Tom	
‣ stalk sb	‣ jdn belästigen, jdn verfolgen, jdm nachstellen

consent *n*	**Zustimmung, Einwilligung**
‣ consent to sth	‣ zu etw „ja" sagen, etw zustimmen
‣ consensual	‣ einvernehmlich
no means no	**nein heißt nein**
coerce sb (into sth) [koʊˈɜːrs] *v*	**jdn zu etw nötigen, jdn zu etw zwingen**
= force sb to do sth	
‣ coercion	‣ Nötigung
grooming *n*	**Grooming** *(Kontaktaufnahme zu Minderjährigen zum Zwecke des sexuellen Missbrauchs)*
paedophile [ˌpedoʊˈfaɪl] *n*	**Pädophile(r)**

suggestive remark *n*	**anzügliche Bemerkung**
wolf-whistle (at sb) *v*	**jdm hinterherpfeifen**
take advantage of sb	**jdn ausnutzen**
drug sb *v*	**jdn unter Drogen setzen**
date rape drug *n*	**KO-Tropfen**
= knockout drops *pl*	
unconscious [ʌnˈkɑːnʃəs] *adj*	**bewusstlos**
drunk *adj*	**betrunken**

unwanted sexual advances

- **touch sb without permission** – jdn ohne Erlaubnis berühren
- **invade sb's privacy** – in jds Privatsphäre eindringen
- **tie sb up** – jdn fesseln
- **fondle sb** – jdn befummeln
- **manhandle sb** – jdn grob behandeln
- **gag sb** – jdn knebeln
- **feel sb up** *inform* – jdn begrapschen
- **inflict pain on sb** – jdm Schmerzen zufügen
- **cop a feel** *inform* – begrapschen
- **shove one's tongue down sb's throat** *inform* – jdm die Zunge in den Hals stecken
- **finger sb** *vulg* – jdn befingern

2.6 Misogyny

misogyny [mɪˈsɑːdʒɪni] *n*	**Frauenfeindlichkeit**
mysogynist [mɪˈsɑːdʒənɪst] *n*	**Frauenfeind, Frauenhasser**
= woman-hater	
mysogynistic *adj*	**frauenfeindlich**
= anti-women	
sexist *adj*	**sexistisch, frauenfeindlich**
be sexist	frauenfeindlich eingestellt sein
▸ sexist	▸ Sexist, Frauenfeind
▸ sexism	▸ Sexismus
male supremacy *n*	**männliche Vorherrschaft**
▸ supremacist	▸ jd, der an die Überlegenheit einer bestimmten Gruppe glaubt
macho *n*	**Macho**
macho behavior *AE*	Machogehabe, machohaftes Verhalten

Misogynistic behavior

Mysogynists are **contemptuous of** and strongly **prejudiced against** women and believe in their own **superiority**. Misogynistic behavior includes **gender-based discrimination**, **belittling** of women, sexual violence, **sexual objectification** as well as misogynistic **insults and threats** on social media networks.

be contemptuous of sb	**jdn verachten**
▸ contempt	▸ Verachtung
prejudiced (against) [ˈpredʒədɪst] *adj*	**voreingenommen gegen(über)**
▸ prejudice	▸ Vorurteil
superiority *n*	**Überlegenheit**
gender-based discrimination	**geschlechtsspezifische Diskriminierung**
belittle sb [bɪˈlɪtl̩] *v*	**jdn herabsetzen, jdn schlechtmachen**
sexual objectification *n*	**sexuelle Objektifizierung**
insults and threats [ˈɪnsʌlt]	**Beleidigungen und Drohungen**

perception of women *n*	**Frauenbild**
physical strength *n*	**Körperkraft**
condescension *n*	**Herablassung**
humiliate sb *v*	**jdn erniedrigen**
disrespect *n*	**Respektlosigkeit**
male predominance *n*	**männliche Übermacht**

(sexual) exploitation *n*	**(sexuelle) Ausbeutung**
sex object *n* = play toy	**Sex(ual)objekt, Lustobjekt**
product *n*	**Ware, Produkt**
fair game *n*	**Freiwild**
constant availability *n*	**(ständige) Verfügbarkeit**
subjugation (of the female body) [ˌsʌbdʒəˈɡeɪʃn] *n*	**Unterwerfung (des weiblichen Körpers)**
mistreatment *n*	**Misshandlung**

---

call sb names	**jdn beschimpfen**
bitch *n, derog*	**Schlampe, Miststück** *(eigentlich: Hündin)*
slut *n, derog*	**Schlampe, Flittchen**
whore [hɔːr] *n, derog*	**Hure**

---

women's liberation *n*	**Frauenemanzipation**
feminism *n* ‣ feminist	**Feminismus** ‣ Feminist(in), Frauenrechtler(in)
women's rights movement *n*	**Frauenrechtsbewegung**
feminist issues *n pl*	**feministische Themen, Frauenthemen**
Two of the most pressing feminist issues are still the male predominance in politics and economy as well as the gender pay gap.	Zwei der dringendsten Frauenthemen sind immer noch die männliche Vorherrschaft in Politik und Wirtschaft sowie das Lohngefälle zwischen Männer und Frauen.
gender equality [ˌdʒendɚˌɪˈkwɑːlət̬i] *n* = sexual equality	**Gleichberechtigung der Geschlechter**

female quota *n*	Frauenquote
equal rights representative *n*	Gleichstellungsbeauftragte(r)
political influence *n*	politischer Einfluss
emancipation [ɪˌmænsɪˈpeɪʃn] *n*	Befreiung, Emanzipation

3.1 Main characters

Hannah and Clay

Hannah and Clay are the main characters or **protagonists** of the novel. We get to know them quite well, Hannah with the help of the tapes she has recorded to explain her suicide, and Clay by watching his reaction to them.

3.1.1 Hannah

sensitive [ˈsensɪtɪv] *adj*	empfindlich, sensibel
‣ hypersensitive	‣ überempfindlich
Hannah's problems are partly due to the fact that she is very sensitive.	Hannahs Probleme ergeben sich zum Teil aus der Tatsache, dass sie sehr sensibel ist.
emotional [ɪˈmoʊʃənəl] *adj*	gefühlsbetont, emotional
pensive *adj*	nachdenklich
= thoughtful	
deep *adj*	tiefgründig
= profound	
≠ superficial	
withdrawn *adj*	verschlossen, zurückhaltend
introvert(ed) *adj*	introvertiert, verschlossen
concerned about one's reputation	auf seinen Ruf bedacht sein

shy *adj*	scheu, schüchtern
= timid	
lack confidence	unsicher sein, nicht selbstbewusst sein
insecure *adj*	unsicher, verunsichert
cautious [ˈkɑːʃəs] *adj*	vorsichtig
= wary	

anxious *adj*	**ängstlich**
= fearful	
= afraid	
upset *adj*	**verletzt, gekränkt**
suspicious [səˈspɪʃəs] *adj*	**misstrauisch, argwöhnisch**
forlorn *adj*	**verlassen, verloren**
unstable *adj*	**labil**
selfish *adj*	**selbstsüchtig, egoistisch, ichbezogen**

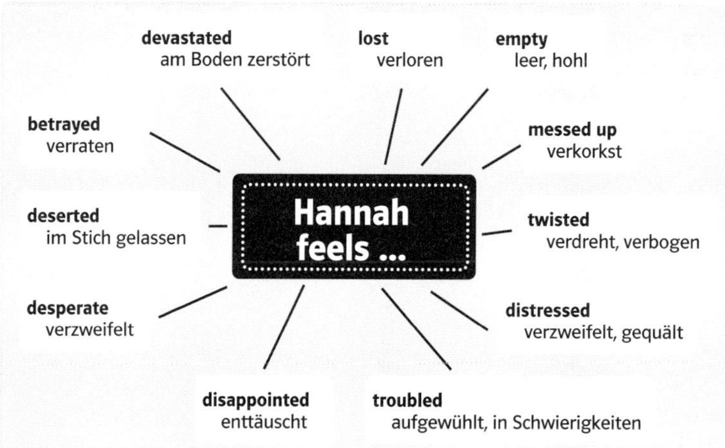

respect *n, uncount*	**Achtung, Respekt**
accept sb for who they are	**jdn so akzeptieren, annehmen wie er / sie ist**
be taken seriously	**ernst genommen werden**
be noticed	**wahrgenommen werden**
be appreciated	**geschätzt werden, anerkannt werden**
safety *n, uncount*	**Sicherheit**
= security	
comfort [ˈkʌmfɚt] *n*	**Trost**
closeness *n*	**Nähe, Verbundenheit**
trust *n, uncount*	**Vertrauen**
▸ trust sb	▸ Vertrauen zu jdm haben, jdm vertrauen

go through a hard time	**eine schwere Zeit durchmachen**
withdraw into oneself *v*	**sich in sich selbst zurückziehen**
= withdraw into one's shell	
give up *v*	**aufgeben**
surrender *v*	**sich ergeben, kapitulieren**
lose oneself *v*	**sich selbst verlieren**
(nervous) breakdown *n*	**(Nerven-)Zusammenbruch**
= meltdown *inform*	
collapse [kəˈlæps] *n*	**Zusammenbruch**
self-destructive behavior, *AE*	**autodestruktives Verhalten, selbstzerstörerisches Verhalten**
guilt *n*	**Schuld**
‣ guilty	‣ schuldig, schuldbewusst
Hannah's guilt over her failure to stop Jessica's rape is a major factor in her decision to end her own life.	Hannahs Schuldgefühle, dass sie Jessicas Vergewaltigung nicht verhindert hat, tragen erheblich zu ihrer Entscheidung bei, sich das Leben zu nehmen.

Hannah's manipulations

On the one hand Hannah's tapes are highly manipulative mesages. On the other hand, they can be seen as an attempt at defending her decision and a last chance to open up.

manipulation *n*	**Manipulation**
manipulative *adj*	**manipulativ**
manipulate sb *v*	**jdn manipulieren**
influence sb *v*	**jdn beeinflussen**
dictate (the rules) *v*	**(die Regeln) diktieren**
give sb instructions	**jdm Anweisungen geben**
put sb under pressure	**jdn unter Druck setzen**
insinuate sth / that *v*	**etw andeuten, unterstellen, dass**
utter warnings	**Warnungen ausstoßen**
threaten sb (with sth) *v*	**jdm (mit etw) drohen**
involve the audience	**die Zuhörer miteinbeziehen**

3.1.2 Clay

(spotless) reputation *n*	(makelloser) Ruf
stellar *adj (image)*	herausragend
model student *n*	Musterschüler(in)
good manners *n pl*	gute Manieren, gute Umgangsformen
polite *adj*	höflich
ambitious [æmˈbɪʃəs] *adj*	ehrgeizig
shy *adj*	scheu, schüchtern
unobtrusive *adj*	unaufdringlich, zurückhaltend
cute [kju:t] *adj, AE inform*	süß, niedlich
boyish *adj*	jungenhaft

Clay

While he is still a smart, well-liked student, the Netflix show delivers a slightly more **socially awkward** version of Clay than the book. He's a bit of an **outsider** and doesn't quite fit in. It is this aspect and his **pop culture witticisms** that appeal to Hannah.

socially awkward [ˈɑ:kwɚd]	sozial ungeschickt
outsider *n*	Außenseiter(in)
pop culture witticism *n*	witzige, geistreiche Popkultur-Bemerkung
take action *v*	etw unternehmen, handeln
account *n*	Rechenschaft
call sb to account	jdn zur Rechenschaft ziehen
‣ be accountable to sb	‣ jdm Rechenschaft schulden
revenge *n*	Rache
take revenge (on sb)	sich (an jdm) rächen
confront sb *v*	jdn zur Rede stellen, jdn konfrontieren
Clay confronts Bryce about what he did and secretly records the conversation.	Clay stellt Bryce wegen dem, was er getan hat, zur Rede und nimmt das Gespräch heimlich auf.

be interested in sb	**sich für jdn interessieren, an jdm interessiert sein**
be attracted (to sb)	**(von jdm) angezogen werden**
have a crush on sb	**in jdn verknallt sein**
Clay has a crush on Hannah.	Clay ist in Hannah verknallt.
be mesmerized by sb	**fasziniert sein von jdm**
= be fascinated by sb	
not get sb out of one's mind	**jdn nicht aus dem Kopf kriegen**
get closer to sb	**jdm näherkommen**
connect *v, inform (of people)*	**sich gut verstehen, zusammenpassen**
common interests	**gemeinsame Interessen**
confess (one's feelings)	**(seine Gefühle) zugeben, (ein-)gestehen**
miss (sb) *v*	**(jdn) vermissen**

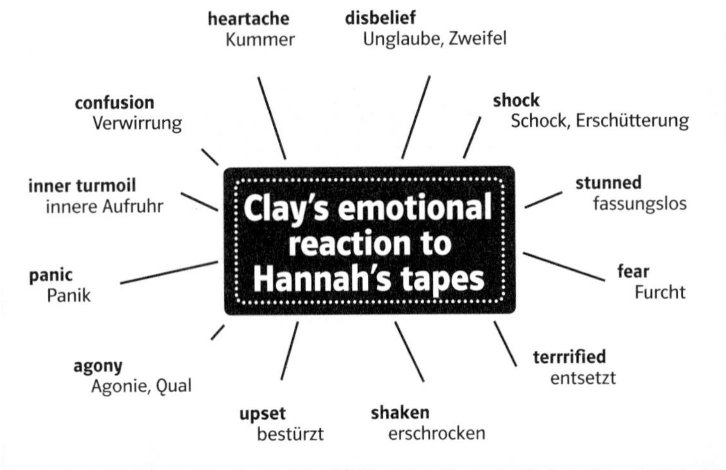

cope (with sth) *v*	**(mit etw) zurechtkommen, etw bewältigen**
Clay has a hard time coping with his emotions.	Clay tut sich schwer damit, seine Emotionen zu bewältigen.

tense *adj*	(emotional) angespannt
embarrassed [ɪmˈbærəst] *adj*	verlegen, peinlich berührt
afraid *adj*	ängstlich, verängstigt
insecure *adj*	unsicher
be put off by (the rumours)	von (den Gerüchten) abgeschreckt werden
intimidated *adj*	eingeschüchtert
anger *n, uncount*	Zorn, Wut
frustation *n*	Frustation
▸ frustrated	▸ frustriert

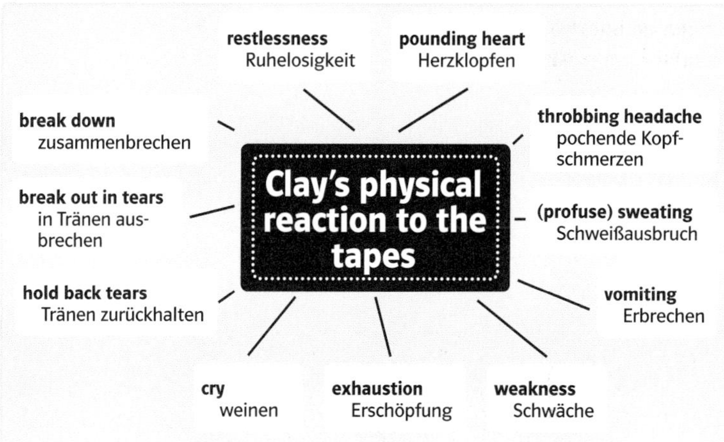

feel sorry for sb	jdn bedauern, mit jdm Mitleid haben
feel guilty	sich schuldig fühlen
self-hatred *n, uncount*	Selbsthass
reproach oneself for sth	sich Vorwürfe machen wegen etw
cowardice *n*	Feigheit
≠ bravery	≠ Tapferkeit
▸ coward	▸ Feigling
▸ cowardly	▸ feige
observant *adj*	aufmerksam
▸ unobservant	▸ unaufmerksam

sensitive *adj*	**sensibel**
‣ insensitive	‣ unsensibel
draw conclusions	**Schlüsse ziehen**
Clay drew the wrong conclusions from Hannah's behavior.	Clay zog die falschen Schlüsse aus Hannahs Verhalten.
recognize sth *v (signs)*	**etw erkennen**

3.2 Secondary characters

3.2.1 Tony

likeable *adj*	**sympathisch**
Tony is a likeable character and a true friend to Clay.	Tony is eine sympathische Figur und Clay ein echter Freund.
motorhead *n, AE inform*	**Autonarr**
outgoing *adj*	**kontaktfreudig, aufgeschlossen**
good-natured *adj*	**gutmütig, freundlich**
well-meaning *adj*	**wohlmeinend, gut gesinnt**
helpful *adj*	**hilfreich, hilfsbereit**
calm [kɑː(l)m] *adj*	**ruhig, gelassen**
confidant [ˈkɑːnfədant] *n*	**Vertraute(r)**
concerned (about sb) *adj*	**besorgt (um jdn)**
= worried	
downcast *adj*	**niedergeschlagen, bedrückt**

provide (sb with) sth *v*	**(jdm) etw zur Verfügung stellen, (jdn) mit etw versorgen**
Tony provides Hannah with support and information how to record tapes.	Tony stellt Hannah Unterstützung und Information, wie man Kassetten bespielt, zur Verfügung.
support sb *v*	**jdn unterstützen**
look after sb *phrasal v*	**sich um jdn kümmern**
stand by sb *v*	**zu jdm stehen, jdm Beistand leisten**
monitor sb / sth [ˈmɑːnɪt̬ɚ] *v*	**jdn / etw überwachen**
ensure sth *v*	**etw sicherstellen, etw gewährleisten**

supervise (sth) *v*	**etw überwachen, etw beaufsichtigen, etw kontrollieren; aufpassen, dass ...**
Tony supervises the correct passing on of the tapes.	Tony kontrolliert die korrekte Weitergabe der Kassetten.
accompany sb *v*	**jdn begleiten**
be there for sb	**für jdn da sein, jdn auffangen**
lend sb a shoulder to lean on	**jdm eine Schulter zum Anlehnen leihen**
mourn sb *v*	**um jdn trauern**

3.2.2 Other characters

Secondary characters

All the other characters in the novel - with the exception of Tony - have contributed one way or another to Hannah's decision to take her own life. Some of the characters, for example Courtney and Alex, have a more prominent role in the Netflix series than in the novel.

thoughtlessness *n*	**Gedankenlosigkeit, Unachtsamkeit**
lack of attention	**Unachtsamkeit**
indifference *n*	**Gleichgültigkeit**
inability to empathize	**fehlendes Einfühlungsvermögen**
look away *v*	**wegsehen**
disregard sb *v*	**jdn missachten**
ruthlessness *n*	**Rücksichtslosigkeit, Unbarmherzigkeit**
contempt (for sb) *n, uncount*	**Verachtung (für jdn)**
take advantage of sb	**jdn ausnutzen**
meanness *n*	**Gemeinheit**
act of revenge *n*	**Racheakt**
abuse [əˈbjuːs] *n*	**Übergriff, Missbrauch**

Justin Foley

Justin Foley is Hannah's first kiss, a very romantic event. But then he starts bragging about and exaggerating what Hannah let him do, and thus starts the rumors about her.

good-looking *adj*	**gut aussehend**
intriguing *adj*	**faszinierend**
betrayal of trust	**Vertrauensbruch**
start a rumor *AE*	**ein Gerücht in die Welt setzen**
make sth up *v* = invent sth, fabricate sth	**etw erfinden**
brag about sth *v*	**mit etw angeben**
pretend *v*	*hier*: **etw vortäuschen**
irresponsible *adj*	**unverantwortlich**
witness sth *v*	**etw mitbekommen, Zeuge bei etw sein**
Although Justin witnesses Jessica's rape he just stands by and does not try to prevent it.	Obwohl Justin mitbekommt, wie Jessica vergewaltigt wird, steht er tatenlos dabei und versucht es nicht zu verhindern.
coward *n*	**Feigling**
disloyal *adj*	**illoyal, treulos**

Alex Standall

Despite being close friends with both Hannah and Jessica to begin with it is Alex who draws up the "Who's hot, Who's not" list to take revenge on Jessica, without thinking of the consequences this will have for Hannah. In the TV series Alex has a more prominent role and is portrayed as a slightly crazy, withdrawn boy with a dominant father who has problems fitting in.

withdrawn *adj*	**zurückhaltend, verschlossen**
inconsiderate *adj*	**rücksichtslos**
thoughtless *adj*	**gedankenlos**
fit in *phrasal v*	**sich anpassen**
take revenge on sb	**sich an jdm rächen**
resentful *adj*	**verärgert**
unforgiving *adj*	**nachtragend**
backbiting *n*	**Verleumdung**

get back at sb *phrasal v*	es jdm heimzahlen
use sb for one's own purposes	jdn für seine eigenen Zwecke benutzen
hold sb up for ridicule	jdn lächerlich machen

Jessica Davis

Like Hannah, Jessica is new in town and a good friend at the beginning. But she believes the rumors about Hannah, and the friendship ends.

become friends with sb	sich mit jdm anfreunden
jealous *adj*	eifersüchtig
believe in rumors *AE*	Gerüchten Glauben schenken
mistrust sb *v*	jdm misstrauen
lack of trust	mangelndes Vertrauen
betray sb's confidence	jds Vertrauen missbrauchen
turn against sb *v*	sich gegen jdn wenden
defenseless *adj, AE*	wehrlos
drunk *adj*	betrunken
rape victim *n*	Vergewaltigungsopfer

Tyler Down

Tyler stalks Hannah and violates her privacy.

stalker *n*	Spanner(in), Stalker(in)
stalk sb *v*	jdm nachstellen, jdn belästigen, jdn stalken
peeping Tom *n*	Spanner
spy on sb *v*	jdn ausspionieren
thrill *n*	Nervenkitzel
get off on sth *v, inform*	auf etw abfahren
violation of privacy	Verletzung der Privatsphäre
perverted *adj*	abartig, pervertiert
weirdo *n, inform*	Spinner
masturbate *v*	masturbieren, sich selbst befriedigen

Courtney Crimsen

Courtney, the most popular girl at the high school, uses people to polish up her image. In the series Courtney is gay, but starts a rumor that Hannah is lesbian to cover up her own sexual orientation.

pretty *adj*	hübsch
sweet *adj*	süß, lieb
irresistible *adj*	unwiderstehlich
everybody's darling	jedermanns Liebling
popular *adj*	populär, beliebt
flirtatious *adj*	kokett, flirtend
preoccupied with one's image	sich auf sein Image konzentrierend
lead sb on *v*	jdn zum Narren halten, jdn auf den Arm nehmen
fabricate (rumors) *AE*	(Gerüchte) erfinden
use sb *v*	jdn ausnutzen
abuse sb's trust [əˈbjuːz]	jds Vertrauen missbrauchen

Marcus Cooley

Marcus, the class clown, invites Hannah to Rosie's for an ice cream, but the date turns out to be a disaster for Hannah.

lazy *adj*	faul
not serious *adj*	unernst, frivol
class clown *n*	Klassenclown
insincere *adj*	unaufrichtig
ask sb on a date	jdn auf ein Date einladen
stand sb up *v*	jdn sitzenlassen
make a pass at sb, *inform*	sich an jdn ranmachen
feel sb up *v*, *inform*	jdn befummeln
get physical	zudringlich werden
disrespect sb's boundaries	jds Grenzen missachten
without shame	ohne Scham

Jenny Kurtz

As a cheerleader, Jenny is friendly and caring. But she is also selfish and irresponsible. In the series Jenny is replaced by Sheri.

friendly *adj*	freundlich
gentle *adj*	sanft, liebenswürdig
caring *adj*	fürsorglich
selfish *adj*	egoistisch, selbstsüchtig
irresponsible *adj*	unverantwortlich, verantwortungslos
lose control of sth	die Kontrolle über etw verlieren
hit and run (accident) *n*	Unfall mit Fahrerflucht
face the consequences	sich den Konsequenzen, Folgen stellen
reject the consequences	die Konsequenzen von sich weisen
stunned *adj*	fassungslos, bestürzt

Bryce Walker

Bryce Walker's despicable behavior finally pushes Hannah over the edge.

condescending *adj*	herablassend
contemptuous *adj*	verachtend, voller Verachtung
arrogant *adj*	arrogant, überheblich
force oneself on sb *v*	sich jdm aufdrängen, sich jdm aufzwingen
aggressive *adj*	aggresiv
egoistic *adj*	egoistisch
evil *adj*	böse
despicable *adj*	abscheulich, verachtenswert
jock *n, AE inform*	Sportler, Sportskanone
sexual assault *n*	sexueller Übergriff, sexuelle Nötigung
sexual predator *n*	Sextäter, Sexualstraftäter
rapist *n*	Vergewaltiger

sex object *n*	**Sexobjekt, Lustobjekt**
For Bryce, girls merely are sex objects, there for the taking.	Für Bryce sind Mädchen nur Sexobjekte zur Selbstbedienung.
abuse sb *v*	**jdn missbrauchen**

Mr. Porter

The school's guidance counselor, Mr. Porter, plays a crucial part in Hannah's story and is the last person on her list. His **failure to act** on what is ultimately Hannah's final **cry for help** by involving a mental health professional or **alerting** Hannah's parents to her state of mind convinces Hannah that she has no alternative.

failure to act	**Untätigkeit; unterlassene Hilfeleistung**
(silent) cry for help *n*	**(stummer) Hilfeschrei**
alert sb to sth *v*	**jdn auf etw aufmerksam machen**
ignore sb / sth *v*	**jdn / etw ignorieren, jdn / etw nicht beachten**
conscience [ˈkɑːnʃən(t)s] *n*	**Gewissen**
bad conscience	schlechtes Gewissen
weigh (heavily) on sb's conscience	jds Gewissen plagen, auf jdm (schwer) lasten
reproach sb with sth *v*	**jdm etw vorwerfen, einen Vorwurf machen**
build a rapport with sb	**ein gutes Verhältnis zu jdm aufbauen**
clueless *adj*	**unbedarft, ahnungslos**
neglectful *adj*	**nachlässig**

4.1 Significant differences to the book

Major differences: book vs. series

	Book	Series
Hannah's parents	shoe store owners very small role we learn very little about them	pharamcists huge role we intimately observe their grief
Timeline	one night	several weeks
Narrative perspective	single perspective (Clay), first-person narrative	multiple perspectives
Method of suicide	Hannah overdoses	Hannah slits her wrists
Question of guilt	mainly the people on Hannah's list	additional responsibility is laid on the whole school, including the teachers
Diversity	not specified	ethnically and sexually diverse characters
Impact on characters	mainly Clay's reactions	wider range of people, especially Hannah's parents

4.1.1 Point of view, timeline and additional story arcs

point of view *n* = narrative perspective	*hier*: (Erzähl-)Perspektive
timeline *n*	*hier*: (Handlungs-)Verlauf
story arc *n*	Handlungsstrang
plot *n* = story line	*hier*: Handlung
lengthen sth *v*	*hier*: etw ausbauen, etw in die Länge ziehen
≠ shorten sth	≠ etw verkürzen
cast (of a movie) *n*	Besetzung
‣ cast (sb in) a role	‣ eine Rolle (mit jdm) besetzen

specify sth *v*	**etw angeben**
In the novel the characters' race and sexual orientation aren't specified.	Der Roman macht keine genauen Angaben zur ethnischen Herkunft oder sexuellen Orientierung der Figuren.
diverse *adj*	**vielfältig**
ethnically diverse	multikulturell
‣ diversity	‣ Vielfalt
person of color *n, AE*	**Bezeichnung für eine nichtweiße Person**
= non-white	
LGBTQ *adj (lesbian, gay, bisexual, transgender, queer or questioning)*	**LSBTQ**
sexual orientation *n*	**sexuelle Orientierung**
sexualize sth [ˈsekʃʊəlaɪz] *v (to add sexual aspects to sth, to make sth sexually more exciting)*	**etw sexualisieren**
‣ sexualized	‣ sexualisiert

4.1.2 The lawsuit

sue sb *v*	**jdn verklagen**
Hannah's parents are suing the school for failing to recognize that she was being bullied and not preventing their daughter's suicide.	Hannahs Eltern verklagen die Schule weil sie verkannt haben, dass Hannah gemobbt wurde und ihren Selbstmord nicht versucht haben zu verhindern.
lawsuit *n*	**Klage, Rechtsstreit**
file a lawsuit against sb	gegen jdn eine Klage einreichen
blame *n*	**Schuld**
lay the blame on sb	jdm die Schuld zuschieben
reject the blame	die Schuld von sich weisen
guilty [ˈgɪlti] *adj*	**schuldig**
≠ innocent, not guilty	≠ unschuldig, nicht schuldig
feel guilty	sich schuldig fühlen
find sb guilty	jdn für schuldig erklären

fault *n*	**Schuld, Verschulden**
at fault	verantwortlich
Whose fault is it?	Wer trägt die Schuld daran?
feign ignorance [feɪn]	**sich unwissend stellen, sich dumm stellen**
look away *phrasal v*	**wegsehen**
cover sth up *v*	**etw verbergen, etw vertuschen**
subpoena sb (to testify) [səˈpiːnə] *v*	**jdn (als Zeuge) vorladen**
represent sb *v*	**jdn vertreten**
Clay's mom is the lawyer representing the school.	Clays Mutter vertritt die Schule.
defend sb *v*	**jdn verteidigen**

4.1.3 Depiction of Hannah's suicide

depiction *n*	**Darstellung**
graphic depiction *(of suicide, rape)*	grafische Darstellung
▸ depict	▸ darstellen
detailed [ˈdiːteɪld] *adj*	**detailliert**
= in detail	
realistic *adj*	**realistisch**
accurate [ˈækjərət] *adj*	**wahrheitgetreu**
over-the-top *adj*	**übertrieben, exzessiv**
= too much	
exaggerate sth *v*	**etw übertreiben**
= carry sth too far	
▸ exaggeration	▸ Übertreibung

emotional impact *n*	**emotionale Auswirkungen**
Does this have an emotional impact on you?	Berührt dich das emotional?
be suitable (for) *v*	**angemessen sein (für)**
sth makes sb shudder *v*	**es schaudert jdn bei etw**
brutal [ˈbruːtəl] *adj*	**brutal**
disturbing *adj*	**erschreckend, verstörend**
This is a really disturbing image.	Das ist ein wirklich verstörendes Bild.
cause sth *v*	**etw verursachen**

nausea [ˈnɑːziə] *n*	**(Gefühl der) Übelkeit**
▸ nauseating	▸ Übelkeit erregend

Criticism

Some **critical voices argue** that the series is not **appropriate** for young people. They claim it **glorifies** suicide and might possibly **offer** those teenagers who already **struggle with** mental health issues further **incentive** to consider suicide too. Though this is **a matter of argument** it **remains** a **controversial issue**.

critical voice	**kritische Stimme**
argue *v*	**argumentieren**
appropriate *adj*	**angemessen**
glorify sth *v*	**etw verherrlichen**
struggle with sth *v*	**mit etw zu kämpfen haben**
incentive *n*	**Anreiz**
(That's) a matter of argument	**(Darüber) lässt sich diskutieren**
remain *v*	*hier*: **nach wie vor sein**
controversial *adj*	**kontrovers, umstritten**
issue [ˈɪʃuː] *n*	**Thema, Angelegenheit**

Legal regulations concerning content rating

In the US, there is no **age rating** of movies that is **regulated by law. Independent organizations** give **non-binding content warnings** with regard to the **suitability** of movies. In Germany, there are some **restrictions** regarding **violent**, **pornographic** or **(unsuitable) language content** which are at least **partially defined** by law **(Protection of Young Persons Act)**.

age rating *n*	**Altersfreigabe** *(In Deutschland FSK: Freiwillige Selbstkontrolle der Filmwirtschaft)*
regulated by law	**gesetzlich geregelt**
independent organization *n*	**unabhängige Organisation**
non-binding *adj*	**unverbindlich**
content warning *n*	**Warnhinweis** *(bezüglich heiklen Inhalten)*
suitability *n*	**Angemessenheit**
restriction *n*	**Einschränkung**

violent *adj*	*hier*: **ein hohes Maß an Gewalt beinhaltend**
pornographic *adj*	**pornografisch**
(unsuitable) language	**(unangemessene) Sprache, Ausdrucksweise**
content *n*	**Inhalt**
partially *adv*	**teilweise**
defined *adj*	*hier*: **festgelegt**
Protection of Young Persons Act *n*	**(das) Jugendschutzgesetz**

reason (for sth) *n*	**Begründung (für etw), Erklärung (für etw)**
= explanation	
intention *n*	**Absicht**
= purpose	
‣ intend sth	‣ etw beabsichtigen
emphasis [ˈem(p)fəsɪs] *n*	**Betonung**
put an emphasis on sth	etw hervorheben
‣ emphasize sth [ˈem(p)fəsaɪz]	‣ etw betonen
tension *n, uncount*	**Spannung**
increase tension	die Spannung erhöhen, steigern
The tension was unbearable.	Die Spannung war nicht auszuhalten.
dramatic *adj*	**dramatisch**
‣ drama	‣ Drama
consequence *n*	**Folge, Auswirkung, Konsequenz**

prevent sth *v*	**etw verhindern**
‣ prevention	‣ Verhinderung, Prävention
save sb from doing sth	**jdn davor bewahren, etw zu tun**
= protect sb from doing sth	
deterrent *adj*	**abschreckend**
deterrent effect	abschreckende Wirkung
‣ deterrent	‣ Abschreckung
change sb's mind	**jdn von einer Idee abbringen**
She's about to make a terrible mistake - I have to change her mind.	Sie ist im Begriff einen furchtbaren Fehler zu begehen; ich muss sie davon abbringen.

fear sth *v*	**etw befürchten**
‣ be afraid that	‣ befürchten, dass
inspire sb to do sth *v*	**jdn inspirieren etw zu tun**
copycat *n*	**Nachmacher(in), Trittbrettfahrer(in)**
sugarcoat sth *v (make sth appear more innocent or positive than it actually is)*	**etw beschönigen, etw schönreden**
play down sth *phrasal v*	**etw verharmlosen**

4.1.4 A new tape

record sth [rɪˈkɔːrd] *v*	**etw aufzeichnen**
‣ recording	‣ Aufzeichnung
evidence *n, uncount*	**Beweis**
present sth as evidence (of sth)	etw als Beweis (für etw) vorlegen
pretext *n*	**Vorwand**
Clay goes to see Bryce on the pretext of buying weed from him.	Clay besucht Bryce unter dem Vorwand, Gras bei ihm zu kaufen.
accuse sb of sth *v*	**jdm etw vorwerfen, jdn beschuldigen, etw getan zu haben**
‣ accusation	‣ Anklage, Beschuldigung
confess that ... *v*	**zugeben, dass ..., gestehen, dass ...**
= admit	
‣ confession	‣ Geständnis
beat sb up *phrasal v*	**jdn verprügeln, jdn zusammenschlagen**
trick sb into doing sth *v*	**jdn dazu bringen etw zu tun**
outwit sb *v*	**jdn austricksen**
grey area *n (a situation that is not clear)*	**Grauzone**
≠ a clear cut case	≠ ein eindeutiger Fall
That's a legal grey area.	Das ist eine juristische Grauzone.

4.1.5 The fate of the tapes

ending *n*	**Ende**
alternate ending	(vom Original) abweichendes Ende
ambiguous ending	ambiges Ende
set sth up *v (a second series)*	*hier*: **etw vorbereiten, den Weg freimachen für etw**
change the order of sth	**die Reihenfolge von etw verändern**
skip sb *v*	**jdn auslassen, jdn überspringen**
stick to sth *v*	**an etw festhalten**
He didn't stick to the original plan of passing the tapes on to the next person on the list.	Er hielt sich nicht an den ursprünglichen Plan, die Kassetten an die nächste Person auf der Liste weiter zu geben.
additional tape	**zusätzliche Kassette**
hand sth over to sb *v*	**jdm etw übergeben**

conspiracy *n*	**Verschwörung**
conspire to do sth *v*	**sich zu etw verschwören**
For a long tlme most of the students conspired to keep the tapes a secret.	Die meisten Schüler waren sich lange einig, dass sie die Kassetten geheimhalten.
cover sth up *v*	**etw verbergen, etw verheimlichen**
= keep sth secret	
cover for sb *v*	*hier*: **jdn decken**
threaten sb *v*	**jdm drohen**
silence sb *v*	**jdn zum Schweigen bringen**
at the very end	**(erst) ganz am Schluss**